alles fauler zauber?!

OKKULTE PHÄNOMENE –

Was steckt dahinter?

Zum Autor:

WOLFGANG HUND, geb. 1948, 10 Jahre Hauptschullehrer (7.-9. Klassen), seit 1983 Seminarrektor; Amateur'zauberer' seit vielen Jahren (Spezialgebiete: okkulte Tricktechniken, 'Zaubern' mit und für Kinder;) viele Lehrerfortbildungsveranstaltungen zum Einsatz von Zauberkunststücken im Unterricht;
im Schuljahr 88/89 offiziell vom Bayerischen Staatsministerium für Unterricht und Kultus beauftragt, an Schulen Aufklärungsveranstaltungen zum Thema Okkultismus abzuhalten; Veröffentlichungen zum Thema in Fachzeitschriften.

Redaktion und Layout: Winfried Kneip

Verlag: Verlag Die Schulpraxis GmbH
Postfach 102251, 4330 Mülheim

Druck: Druckerei Uwe Nolte, Schwerte

© Verlag Die Schulpraxis, Oktober 1988

2. Auflage Februar 1989

ISBN 3-924884-99-4

Vom selben Autor ist auch bei uns zu beziehen

Zauberhaftes Lernen

Zauberkunststücke als pädagogische und didaktisch-methodische Elemente des Unterrichts in der Grund-, Haupt- und Sonderschule. Kunststücke, die direkt in den Unterricht eingebaut werden können, weil sie mit Unterrichtsthemen zusammenhängen oder selbst zum Thema gemacht werden können. Natürlich auch einfach zum Auflockern.
Für die Bereiche Pädagogik, Deutsch, Mathematik, Kunst, Sachkunde, Biologie, Physik, Geschichte, Kind + Spiel, Unterhaltung.
77 S., Folien, Zauberutensilien, Kopiererlaubnis,
im Vertrieb   44.00 DM

Inhalt

vorwort

grundlagen
Begriffe aus dem okkulten Umfeld
Daten zur Verbreitung abergläubischer Vorstellungen

astrologie
Wie dort oben-so hier unten
Arbeitblätter

geisterfotos
"Bitte recht freundlich"- Fotografie im Dienste des Okkultismus

aura-fotografie
Kirlian- Fotografie

von gabelbiegern
"Und sie bewegt sich doch" (die Gabel nämlich)
Arbeitsblätter

...und hellsehen
"Vom Wahrsagen läßt sich wohl leben..."
Arbeitsblätter

die tricks der medien
Falsche Geister- Echte Schwindler
Arbeitsblätter

geisterstimmen
"Hallo- hier ich!- Wer dort?"
Arbeitsblätter

geisterheiler
Der Glaube versetzt Berge
Arbeitsblätter

psi- power
"Heureka- der ASW-Beweis"
Arbeitsblätter

Unterrichtspraktischer Teil
"Nicht Wünschelrute, nicht Alraune..."

pendeln
Das siderische Pendel
Pendel-Experimente
Kopiervorlagen
Arbeitsblätter

kontakte mit dem jenseits
Gläserrücken- Schreibendes Tischchen
Arbeitsblatt

rutengänger
Wünschelrute- Erdstrahlen
Arbeitsblätter

hintergründe
Ursachen der Okkultwelle

Literaturhinweise

vorwort

Liebe Kolleginnen und Kollegen,

wie kommt man als Lehrer dazu, ein Buch über "okkulte Phänomene" zu schreiben?

Die Antwort in meinem Fall ist einfach:
Durch die sich lawinenartig ausbreitenden okkulten Tätigkeiten der Schüler und durch meine jahrelange Beschäftigung mit der Zauberkunst.
Als Amateurzauberer kenne ich viele Trickgeheimnisse (auch wenn ich laufend dazulerne), die hinter den oft beeindruckenden Phänomenen stecken. Die naturwissenschaftliche Ausbildung brachte ihren Teil mit ein, um auch andere Erscheinungen auf ihre natürlichen Grundlagen stellen zu können.

Erste erfolgreiche Aufklärungsaktionen vor Lehrern, Eltern und Schülern setzten eine rege Nachfrage in Gang, bei der immer wieder schriftliches Material verlangt wurde.

Zwar gibt es eine unübersehbare Menge an "echter" magischer oder okkulter Literatur, doch die skeptische hält sich in Grenzen. Die 'Gegenseite' verkauft sich eben besser.

Die vorliegende Mappe wurde für diejenigen geschrieben und mit Material versehen, die draußen 'an der pädagogischen Front' den oft erschreckenden okkulten Vorkommnissen gegenübertreten sollen und sich nicht sachkompetent fühlen: Eltern, Lehrer, Pfarrer, Sozialpädagogen usw. usf.
Ich habe mich bemüht, das umfangreiche und oft unübersichtliche Gebiet so zusammenzufassen, daß ein schneller Überblick über die einzelnen Bereiche möglich wird und schnell reagiert werden kann, wenn es nötig ist.

Dank sagen möchte ich allen Personen, die mich in meinem Kampf mit der "okkulten Hydra" moralisch und fachlich unterstützten, besonders dem führenden Trickexperten in Deutschland, Werner Geissler-Werry, und den engagierten Mitstreitern der 'Gesellschaft zur wissenschaftlichen Untersuchung von Parawissenschaften e.V.' (GWUP).
Ohne den Rückhalt und die oftmals notwendige Unterstützung und Aufmunterung durch meine Familie wäre die schwierige Aufgabe ebenfalls nicht anzugehen gewesen.

Hersbruck, im August 1988

grundlagen

DER MAGISCHE SIEBENSTERN
Uraltes, reines Wissen wiederentdeckt

- Regeneriert und erhöht die Lebenskraft und das Bewußtsein des Menschen.
- Bringt Erdstrahlung ins Gleichgewicht.

Glauben Sie auch an die Kräfte des Universums, dann schicken Sie Ihre Bestellung zum Preise von DM 77,– für 1 Siebenstern an:

per Verrechnungsscheck oder Nachnahme (+ 4,50 DM)

Occulta
Buch- und Kräuterhaus

Petrol., chem. rein dest. (ca. 1 Ltr. 79,80) · Über 100 reine äther. Öle. · Pendel, mag. Räucherungen · Haarmittel, Askarol 48,– · Mességué-Tees Kristallkugeln (blasenfrei, Ia)
Schwarzer Spiegel/Kristallpyramide (Cheops-Maße, Prismaschliff)
Wir besorgen jedes Buch aus jedem Verlag.
Alle Lieferungen per Einschreiben/Nachnahme.

– Nach Herzstillstand wurden mir diese Werke möglich –

»Patrizierin«
vom Jenseits aus gesehen – zwischen Tod und Wiedergeburt.

Foto, 172 × 125 mm, zur Meditation geeignet.
Erhältlich per Nachnahme. Preis: DM 20,–

Weitere Informationen und Bestellungen erfüllt:

ASTROLOGIE
studieren, in Ihrer Freizeit, unabhängig vom Wohnort. Vom DAV empfohlener Fernkurs der klassischen Astrologie mit Abschlußzeugnis durch das bekannte Institut
CHRONOS, Leiter:

GLÜCKSPYRAMIDEN
Pyramidenkraft für die Erfüllung Ihrer Wünsche – Lotto, Erfolg, Aufladung von Schutzamuletten. Spezial-Kupferpyramiden zur Abschirmung von Erdstrahlen.
Gratisprospekt erhalten Sie geg. Einsendung dieser Anzeige an:

Das einzigartige authentische
Portrait von Jesus
Die Rekonstruktion nach dem berühmten
Turiner Grabtuch
(siehe Bericht in ESOTERA Heft 10/86)
10 Glanzpostkarten (Übergröße): DM 12,–
1 Poster (Karton mit Leinenprägung): DM 12,– (+ Versandanteil)
zu bestellen bei:

"Der Mensch ist das einzige Tier, das jeden Blödsinn glaubt."

(Konrad Lorenz)

Der Glaube an okkulte Erscheinungen ist in unserer Gesellschaft weit verbreitet und wächst derzeit wieder stark an.

Die ausufernde Esoterik - Welle hat ein nicht mehr rational faßbares Umfeld geschaffen, das alle Augenblicke neue Auswüchse hervortreibt, die oft genug eigentlich mittelalterlich anmuten.

Auf mögliche Gründe dafür wird später eingegangen.

Im folgenden wird auf einige ausgewählte okkulte Phänomene eingegangen, die einzeln oder zusammenwirkend auftreten.

Ziel dabei ist, dem Lehrer einen gerafften Überblick über die jeweilige Erscheinung mit konkreten Beispielen zu geben, Gegenargumente, natürliche Grundlagen und tricktechnische Erklärungen aufzuzeigen und unterrichtspraktisches Material anzubieten.

Bei Diskussionen wird immer allerdings ein Punkt erreicht werden, an dem sich das Gespräch festfährt. Es ist ein Merkmal der Okkultgläubigen, daß nur das zur Kenntnis genommen wird, was in das eigene Weltbild paßt. Gegenargumente, ja selbst Gegenbeweise werden abgetan als fanatische Wissenschaftsgläubigkeit.

Wissenschaftliche Untersuchungen gibt es zu allen u.a. Bereichen mit handfesten Ergebnissen, von anerkannten Forschungsinstituten. Es ist durchaus nicht so, wie oft behauptet wird, daß die behaupteten Phänomene von der Wissenschaft totgeschwiegen würden.

Auch scheinwissenschaftliche Gegen"untersuchungen" sind längst als unwissenschaftlich entlarvt, wie der Bundesgerichtshof 1978 in einem **Grundsatzurteil zur Parapsychologie** ausführte:

"Die Parapsychologie gehört nicht zu den gesicherten wissenschaftlichen Erkenntnissen, die dem Sachverständigenbeweis zugänglich sind. Der Tatrichter hat daher einen entsprechenden Beweisantrag der Verteidigung mit Recht abgelehnt, da das Sachverständigengutachten ein völlig ungeeignetes Beweismittel ist."
(zitiert nach Prokop/Wimmer, 1987)

Ein abschließendes Zitat von Aldous Huxley scheint an dieser Stelle angebracht:

"Tatsachen schafft man nicht dadurch aus der Welt, daß man sie ignoriert!"

grundlagen

Damit wir alle wissen, wovon wir reden:

BEGRIFFE
aus dem okkulten Umfeld

ABERGLAUBE
Abgeleitet von "Afterglaube" (spätmittelalterlich), d.h. "verkehrter Glaube".
Verwendet heute für Denkvorstellungen, die dem herrschenden wissenschaftlichen Weltbild widersprechen.

AMULETT
Gegenstände, welche die Kraft besitzen sollen, negative Einflüsse von ihrem Besitzer fernzuhalten, ihn zu beschützen.

ANIMISMUS
Erklärung paranormaler Erscheinungen durch psychische, natürliche, noch unerkannte, dem Menschen angeborene Fähigkeiten, vor allem des Unterbewußtseins. Gegensatz zum Spiritismus.

ASTRALLEIB
Angeblich neben dem grob- physischen Körper existierender "feinstofflicher" Leib.
Taucht z.B. beim "Doppelgänger" auf. Eine Person "kann" dadurch an zwei Orten gleichzeitig erscheinen.

ASTROLOGIE
Zwischen dem Schicksal von Menschen und der Stellung der Gestirne wird ein enger Zusammenhang angenommen. Die Astrologen "können" deshalb aus der Konstellation zum Zeitpunkt der Geburt Informationen entnehmen über den Charakter einer Person...

ASW
AusserSinnliche Wahrnehmungen: Wahrnehmungen von Vorgängen, die nicht mit den fünf Sinnen erfaßt werden können (umfaßt Telepathie, Hellsehen und Präkognition).

AURA
Um Lebewesen wird eine nicht sichtbare Ausstrahlung vermutet, die z.B. durch Kirlianfotografie darstellbar sein soll.

AUTOMATISCHES SCHREIBEN
"Kontakt mit Geistern" wird hergestellt durch:
- Schreiben in Trance (die Hand des Mediums soll vom Geist gelenkt werden)
- Schreiben mit einem Tischchen (Planchette), von dem ein Bein durch einen Stift ersetzt wird (Auflegen der Hand oder der Finger).

BILOKATION:
Gleichzeitiges Erscheinen einer Person an zwei Orten (per Astralleib).

CLAIRVOYANCE
siehe Hellsehen

EKTOPLASMA
Bildung von "Materie" durch ein Medium z.B. bei einer spiritistischen Sèance.

ESOTERISCH
geheim, innerlich

ESP
Extra Sensory Perception = ASW

GEISTER
Unsichtbare Wesen, die sich durch Handlungen oder Äußerungen bemerkbar machen können.

GESPENSTER
Geistwesen, die durch einen unnatürlichen Tod (Unfall, Mord oder Selbstmord) zum "Bleiben" gezwungen sind und sich als Sühne- oder Warnerscheinungen oder infolge eines Fluchs immer wieder zeigen müssen. (HAACK 1987) Oft an ganz bestimmten "Spukorten", in bestimmten "Spukhäusern".

GLÄSERRÜCKEN/GLÄSELN
Bei einer Sèance wird in die Mitte eines runden Tisches mit glatter Oberfläche ein umgedrehtes Glas gestellt. Außen herum liegen die Buchstaben des Alphabets, die Zahlen von 0- 9 und "Ja"/"Nein"- Karten. Nach Auflegen der Finger der Teilnehmer auf das Glas beginnt dies zu rutschen und gibt "Antworten" auf gestellte Fragen.

HELLSEHEN
Übersinnliche Wahrnehmung objektiver Vorgänge (unabhängig von Entfernung und Zeit).

KIRLIANFOTOGRAFIE
Hochfrequenzfotografie (benannt nach S.D.Kirlian), die den Beweis für die Aura von Lebewesen liefern soll. Objekte bilden "Strahlenkränze" auf Fotoplatten/Filmen.

LEVITATION
"Hochschweben" von Gegenständen oder Menschen, ohne daß eine physikalische Kraft beteiligt ist.

MAGIE
Sammelausdruck für unerklärliche Beeinflussungen und Wirkungen sowie von den vorhandenen Gesetzmäßigkeiten widersprechenden Handlungsabläufen.(HAACK 1987)
Man unterscheidet oft zwischen "weißer" M., (Kräfte, die einen Menschen positiv beeinflussen) und "schwarzer" M. (schädigend).

grundlagen

MATERIALISATION
Angebliche Bildung von Körperteilen bzw. ganzen Gestalten, z.B. bei einer spiritistischen Sèance. Auch das Ausströmen von Ektoplasma und sein Verschwinden.

MEDIUM
"Mittler" zwischen Verstorbenen und Lebenden; stellt bei spiritistischen Sitzungen die Verbindung her und empfängt Botschaften aus dem "Jenseits".

MESMERISMUS
Von dem Magnetiseur und Arzt Dr. Franz Anton Mesmer (1734-1815) begründete Heilweise eines hypothetisch angenommenen Fluidums; dieses sei eine das Weltall durchdringende Kraft oder ein Stoff äußerster Feinheit. (BIENEMANN 1988)

OKKULT
lat. occultus = geheim, verborgen

OKKULTISMUS
Alle Erscheinungen und Praktiken, die auf eine jenseits unserer erfahrbaren Wirklichkeit liegende "Wirklichkeit" Einfluß nehmen wollen, indem sie dazu sich besonderer Techniken und eines besonderen Wissens bedienen. (HAACK 1987)
O. ist ein seit dem Mittelalter zur Kennzeichnung geheimnisvoller Kräfte von Natur und Seele verwandtes Wort.

PARA
griech. = jenseits, neben

PARAPSYCHOLOGIE
"Neben" der Psychologie befindliche "Wissenschaft", die sich mit der Erforschung jener psychischer und psychophysischer Erscheinungen beschäftigt, die mit den bekannten Naturgesetzen nicht erklärbar scheinen (das Wort wurde 1889 von Dessoir geschaffen).

PLANCHETTE
Brettchen mit drehbaren Rollen und einem Schreibstift, der Botschaften aus der "übersinnlichen" Welt schreiben soll, wenn Hände oder Finger aufgelegt werden.

POLTERGEIST
Spukerscheinungen, die lärmen oder Gegenstände zerstören.

PRÄKOGNITION
Vorhersehen/Vorherwissen zukünftiger Ereignisse, die mit dem gegenwärtigen Wissen nicht erwartet werden können.

PROPHETIE
Hellsehen in die Zukunft

PSI
Vom griechischen Buchstaben Psi abgeleitet; Psyche = Seele; Bezeichnung für alle paranormalen Phänomene.

PSYCHOKINESE
Der psychische Einfluß eines Menschen soll Veränderungen in der Lage, in der Form von Gegenständen hervorrufen, Als bewegende Kraft gilt PSI. Abkürzung ist PK.

RADIÄSTHESIE
Theorie und Praxis des Pendelns und Rutengehens; wörtlich "Strahlenfühligkeit", soll durch Zusammenwirken von physikalischen Reizen und ASW entstehen.

REINKARNATION
Wiedergeburt des Menschen; Ursprung im fernen Osten; die Individualität eines Verstorbenen wird in einem Kind wiedergeboren.

SEANCE
Spiritistische Sitzung, in der durch Medien angeblich Kontakt mit Verstorbenen hergestellt wird.

SPIRITISMUS
Glaube, daß nach dem physischen Tod eines Menschen angeblich eine vom Leib getrennte Geistseele weiterexistiere, die durch Medien Botschaften aus dem Jenseits vermitteln könne.

SPUK
Volkstümlich für ortsgebundene, spontane, sich wiederholende psychokinetische Erscheinungen (Klopfen, Erscheinen von "Geistern").

TELEKINESE
siehe Psychokinese

TELEPATHIE
Übertragen seelischer Vorgänge von einer Psyche auf eine andere ohne Verwendung der bekannten Sinnesorgane; volkstümlich als "Gedankenübertragung" bekannt.

ZAUBEREI
- Ausführungen magischer Handlungen zum Erreichen eines bestimmten Zweckes (mit entsprechenden Geräten, Sprüchen und Methoden).

-"Unterhaltungstäuschung","Zauberkunst" mit unterhaltsamem Charakter, z.B. durch Fingerfertigkeit, mit speziellen Apparaturen und Gerätschaften.

grundlagen

Daten zur Verbreitung abergläubischer Vorstellungen

Glauben an die Existenz von Hexen
Erwachsene Bürger der BRD
(n = 2000)
Männer, die fest an H. glauben	2 %	Repräsentativumfrage Allensbacher Institut für Demoskopie Nr. 25 (1973)
Frauen, die fest an H. glauben	2 %	
Vielleicht gibt es Hexen		
Männer	6 %	
Frauen	11 %	

Glauben an Astrologie
«Glauben Sie an eine Beeinflussung unseres Lebens durch die Sterne?»	11 % ja	IFAK (Institut für Absatzforschung Wiesbaden), Erhebung für BRD 1974
«Glauben Sie an die Möglichkeit, daß man aus den Sternen die zukünftigen Ereignisse ablesen kann?»	22 % ja	dito

Glauben an das Zweite Gesicht
Erwachsene der BRD und WB glauben daran	53 %	Erhebungen des Allensbacher Instituts für Demoskopie 1958
unentschieden	11 %	

Glauben an Spuk
glauben daran	18 %	dito
unentschieden	11 %	

Glauben an Amulette
Nach Feststellungen von privater Seite	85 %	nach ALLAN (Wien)

Glauben an außersinnliche Wahrnehmung
Glauben an ESP (extrasensory perception)		Erhebungen durch Fragebogen an Lesern von New Scientist, 1972
«sicher»	25 %	
möglich	42 %	Ausgewertet von 1500 Lesern der Zeitschrift Science (vol. 181, Seite 143, 1973); offenbar nur England

Glauben an Wunderheilung
Die Parapsychologie wird im Jahr 2000 in der Krankenbehandlung (Diagnose und Therapie) eingesetzt	40 %	Umfrage bei Ärzten durch GRAUL

aus: Prokop/Wimmer 87

Symbole zur Verwendung als Talismane

Erfahrungen Jugendlicher mit Okkultpraktiken
Auf welche Erfahrungen haben sich die Jugendlichen berufen?
Mehrfachankreuzungen

	%
Okkulte Praktiken (Psychische Automatismen)	
- Glasrücken bzw. automatisches Buchstabieren	61,5
- Automatisches Schreiben ohne oder mit "Tischchen"	52,1
- Tischrücken	49,6
- Pendeln über dem Alphabet	23,7
- (Wünschel-)Rutengehen	23,1
- Pendeln über Gegenständen	17,1
- Kristallsehen	4,3
Nicht anerkannte Deute- und Beratungspraktiken	
- Horoskopdeutung	32,5
- Handlesen	13,7
- Tarotkarten legen	6,8
Magische Praktiken (z.B. 6. und 7. Buch Moses)	23,1
Spiritismus	
- Teilnahme an spiritistischen Sitzungen	35,9
- Tonbandeinspielungen ("Stimmen Verstorbener")	41,0
Satanskulte/schwarze Messen	14,5
Hören von Popgruppen mit okkultischem/satanischem Hintergrund	18,8

Schülerpresse Aktuell

TRIER, 9. März. Nicht der „Satanskult", sondern alte spiritistische Praktiken wie Glasrücken, Tischrücken und Pendeln sind unter Schülern im Vormarsch. Dies ist das Ergebnis einer Pilotstudie, die im Auftrag des katholischen Bistums Trier der Freiburger Professor Johannes Mischo vorlegte, der sich an der Universität Freiburg mit Grenzbereichen der Psychologie auseinandersetzt.

Laut Mischo droht durchaus eine „epidemische Verbreitung der nicht ungefährlichen Droge Okkultismus". Als mögliche Gefahren dieser Okkultpraktiken unter Schülern nannte der Wissenschaftler Depressionen, Selbst- und Fremdschädigungen und psychose-ähnliche Fehlverarbeitung von Erlebnissen. In rund einem Viertel der Fälle, in denen Lehrer mit dem Okkultismus konfrontiert waren, hatten Schüler solche Auffälligkeiten geschildert.

Die Umfrage war gestartet worden, weil Bernd Lambert von der Schulabteilung des Bistums bei Weiterbildungsveranstaltungen für Lehrer eine wachsende Nachfrage nach dem Themenbereich „New Age" und Okkultismus feststellte. Laut Lambert zeigte sich bei diesen Veranstaltungen, bei der die Beteiligung doppelt so hoch wie bei anderen Weiterbildungsangeboten für Lehrer gelegen habe, daß die Lehrer dem Phänomen einer neuen spirituellen Bewegung „hilflos gegenüberstehen".

Obwohl die Bistumsumfrage nicht repräsentativ ist, zeichnet sich ein deutlicher Trend ab. Rund 85 Prozent der Lehrer, die antworteten, sind bereits im Religionsunterricht auf Okkultismus und okkulte Praktiken angesprochen worden. Mischo: „Daß die Initiative dazu überwiegend von den Schülern ausging, zeigt, daß dies ein bedrängendes Problem für die Jugendlichen ist."

Der Zugang zu „Übersinnlichem", Kontakte zu „Geistern" und „Geisterbotschaften" verliefen bei den Jugendlichen über Praktiken, die schon in der Mitte des letzten Jahrhunderts eine Blüte erlebt hatten, sagte Mischo. Automatisches Schreiben, „geisterhafte" Bewegung von Stühlen und Gläsern stehen dabei ganz oben. Als Erklärung für „psychische Automatismen", die vor allem in Gruppensitzungen auftreten, dienen dabei überwiegend unsichtbare „Geistwesen". Diese „unkontrollierte Kontaktaufnahme mit dem Unbewußten kann süchtig und abhängig machen", erläuterte der Okkult-Forscher.

Eine untergeordnete Rolle der neuen Jenseits-Bewegung spielen Handlesen, Horoskopdeuten und magische Praktiken. Auf Erfahrungen mit Satanskulten hatten sich nach Angaben der Lehrer 14,5 Prozent der Jugendlichen berufen, die mit Okkultpraktiken in Berührung gekommen waren. „Schwarze Messen" stehen zusammen mit „Satans-Pop" auf dem letzten Platz der mit Übersinnlichem experimentierenden Jugendlichen.

FR 10.3.88

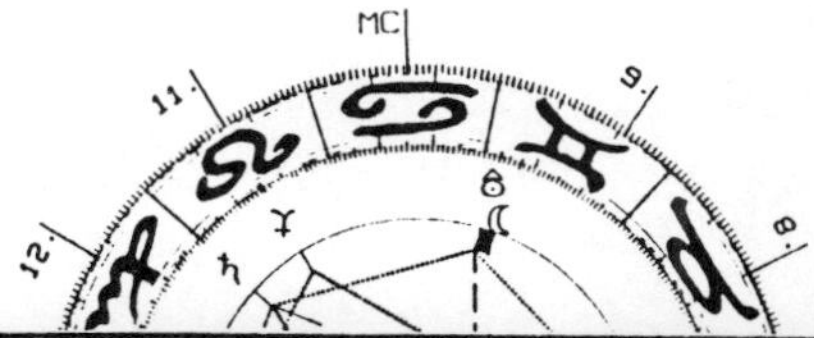

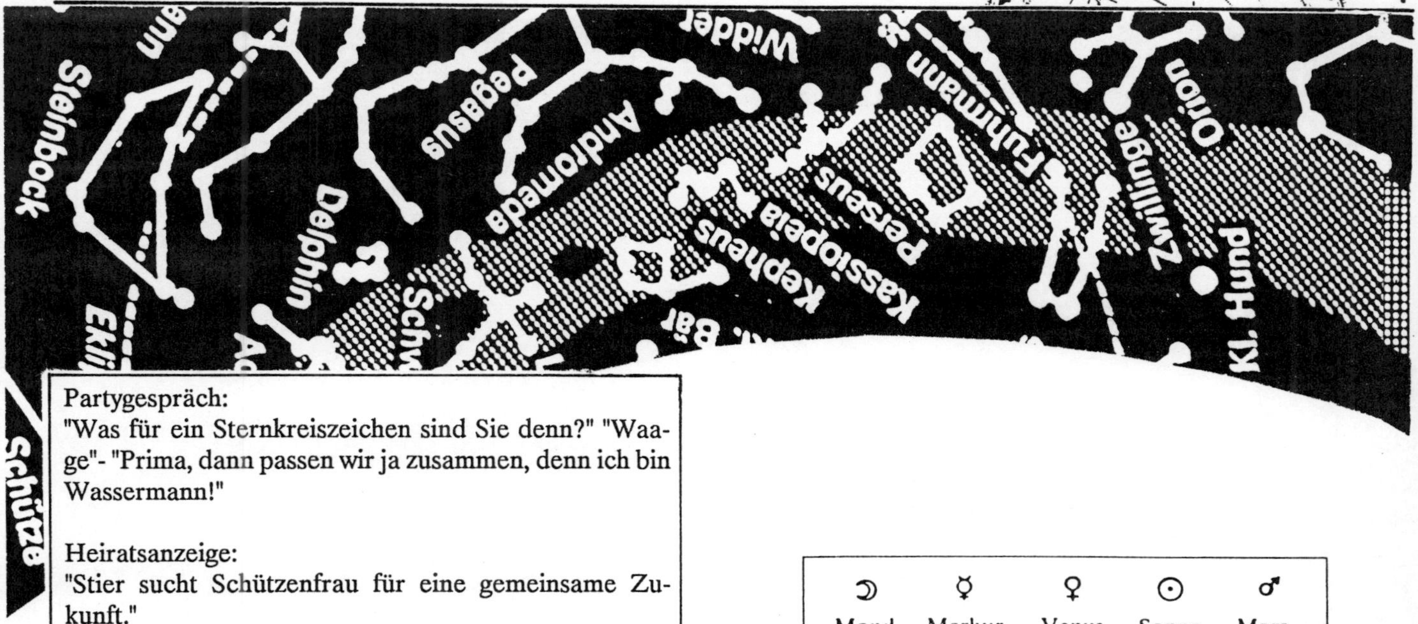

astrologie

Partygespräch:
"Was für ein Sternkreiszeichen sind Sie denn?" "Waage" - "Prima, dann passen wir ja zusammen, denn ich bin Wassermann!"

Heiratsanzeige:
"Stier sucht Schützenfrau für eine gemeinsame Zukunft."

Zeitungsmeldung:
"Der Terminkalender des US-Präsidenten wird von Astrologin überwacht!"

☽	☿	♀	☉	♂
Mond	Merkur	Venus	Sonne	Mars
♃	♄	♅	♆	♇
Jupiter	Saturn	Uranus	Neptun	Pluto

"Wie dort oben   - so hier unten"

Die wohl verbreitetste okkulte Erscheinung ist die Astrologie. Nach Meinungsumfragen glauben 30-60% der Bevölkerung daran, daß die Stellung der Gestirne irgendeinen Einfluß auf das Schicksal von Menschen hat.

Untermauert wird dies dadurch, daß es viele Prominente aus allen Bereichen des Lebens gibt, die an Horoskope glauben. Für den "Normalbürger" entsteht daraus schnell ein Zusammenhang zwischen dem beruflichen Erfolg und der Okkultgläubigkeit.

Selbst berühmte Wissenschaftler wie Johannes Kepler haben sich mit Horoskopieren befaßt, wie sein erstes Horoskop für Wallenstein beweist.

Die viertausend Jahre alte Geschichte der Astrologie wird gerne als Beleg für ihre Gültigkeit herangezogen ("was schlecht wäre, hätte sich kaum so lange gehalten!"), vor allem ihre Bedeutung in der früheren und jetzigen Politik.

Das Prinzip gibt der o.a. Ausspruch des ägyptischen Zauberers Hermes Trismegistos wieder: "Wie dort oben - so hier unten." Das heißt, die Ereignisse auf der Erde spiegeln die am Himmel. Die Astrologen beobachten die Bahn der Planeten ("Wanderer"; zu ihnen wird auch die Sonne gezählt) und vermuten, daß die Handlungen und Erlebnisse dieser fernen Gottheiten sich im Leben der Menschen widerspiegeln. Wenn Mars, der Gott des Krieges, wütend am nächtlichen Himmel leuchtet, stand eine Zeit kriegerischer Auseinandersetzungen bevor; wenn Venus bei Dämmerung hell leuchtet, kam die Zeit der Liebe.

Die Astrologen selbst unterscheiden sehr klar zwischen der "höheren" Astrologie und der "Vulgärastrologie" (die sich bereits fertiger Tabellen bedient, welche angeblich aufgrund von Erfahrungen der "höheren Astrologie" erstellt wurden).

Über die Arbeitsweise bei der Erstellung eines Horoskops und kritische Einwände informieren die beiden abgebildeten Ausschnitte aus der Zeitschrift "test" 8/87 der Stiftung Warentest.

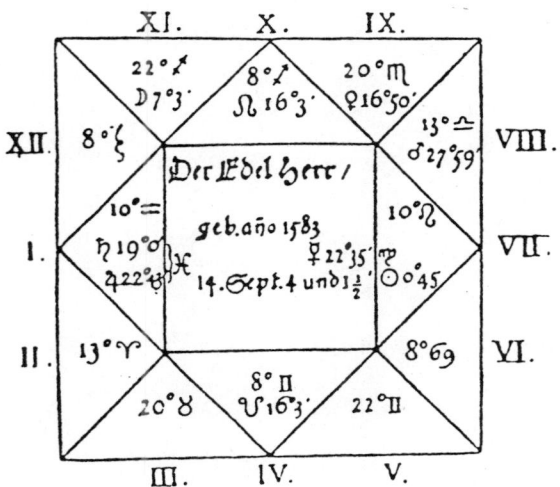

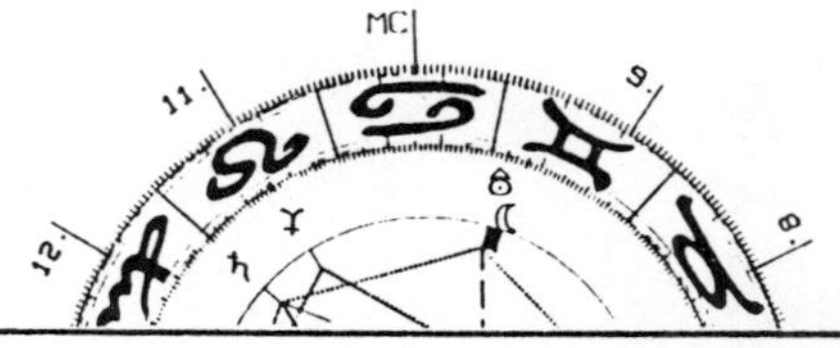

astrologie

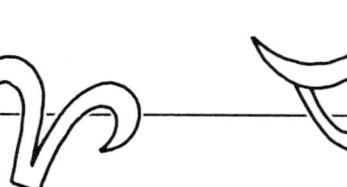

Die Fragwürdigkeit des Glaubens an die Astrologie wird deutlich, wenn man folgende Probleme und Fragen stellt (erweitert nach PROKOP/WIMMER 1987):

"Individualität" eines Horoskops:
Cirka 240 Menschen auf der Welt besitzen exakt das gleiche Geburtshoroskop. Ist dann damit automatisch ihr Lebensweg, ihr Charakter gleich? Warum wird aus dem einen ein anerkanntes Genie, aus dem anderen das Gegenteil?

"Zeitpunkt":
Ist nicht der Zeitpunkt der Befruchtung (= genetische Ausstattung) entscheidender als der Zeitpunkt der Geburt? Die Genetik hat eindeutig bewiesen, welche Zufälligkeiten bedeutsam sind für den Genotyp eines Menschen.

Hat die werdende Mutter ein schädigendes Medikament während der Schwangerschaft eingenommen, wird das Kind bereits vor der Geburt evtl. stark gesundheitlich beeinträchtigt. Das Geburtshoroskop eines vergleichbaren, gesunden Kindes könnte genau gleich sein, beide Kinder aber haben völlig verschiedene Startchancen.

Soll ein Arzt notfalls den Zeitpunkt der Geburt um einige Stunden hinausschieben, wenn die Sterne *ungünstig* stehen?
Ändert sich dann dadurch alles?

"Namen der Planeten":
Was hätte sich wohl alles geändert, wenn vor Urzeiten für den nämlichen Planeten nicht der Name *Mars*, sondern *Eros* gewählt worden wäre? Oder statt *Venus* der Name *Chaos*? Warum werden nur die zehn Planeten (mit Sonne und Mond), nicht aber Polarstern, Orion... herangezogen? Sind sie weniger bedeutsam?

"Stellung der Sterne"
Ein in der Astrologentafel bei der Geburt eingezeichneter *Uranus* ist in Wirklichkeit schon woanders (das Licht braucht 2 1/2 Stunden). Dieser Punkt spricht die absurde Tatsache an, daß zwischen Astrologie und Astronomie riesige Differenzen klaffen, die allerdings mit dem Hinweis auf den Symbolcharakter z.B. der Tierkreiszeichen beiseitegewischt werden.

"Empirische Untersuchung":
Umfangreiche empirische Untersuchungen haben ergeben, daß sich keine Häufung von Musikern, Sportlern, Schauspielern... bei einem bestimmten Sternbild zeigt.

"Ausdeutung":
Die Ausdeutung der Horoskope sind so vielfältig, daß auf jeden Fall Nachhineintreffer erstellt werden können.

"Umkehrbarkeit"
Die Astrologen sind nicht in der Lage, aus detaillierten Charakterschilderungen eines Menschen dessen Tierkreiszeichen anzugeben. Nachdem ein kausaler Zusammenhang angenommen wird, müßte dies umkehrbar sein.

PROKOP (1987): "In der Astrologie gelten z.B. "Stier"- Menschen als zähe Nützlichkeitsmenschen mit großem Familiensinn (Robespierre, Kant und Hitler waren "Stiere"). "Krebsmenschen" zeigen ein Mißverhältnis zwischen Wollen und Können, sie sind unentschlossen, weiblich und ohne Ausdauer (Cecil Rhodes, Graf Zeppelin). "Waagemenschen" haben ein starkes Gerechtigkeitsgefühl, aber keine Tatkraft (Hindenburg, Foch, Himmler)."

"Eineiige Zwillinge"
Obwohl sie nicht nur die gleiche genetische Ausstattung, sondern auch das gleiche Geburtshoroskop haben, ist der eine später glücklich, der andere unglücklich verheiratet. Der eine stirbt an einer Krankheit, der andere durch einen Unfall...

"Eigenes Schicksal":
Auch wenn es so naiv klingt, wie die Frage an den Hellseher, warum dieser nicht seine Gabe dazu benützt, die Lottozahlen für die nächste Woche vorherzusehen: Warum kann der Astrologe nicht für sich und seine Familie Unheil abwenden?

Unterrichtspraktische Hinweise

Mit dem folgenden Material kann z.B. unter diesen Gesichtspunkten gearbeitet werden:

1. Vergeich der Horoskope eines bestimmten Tages/einer bestimmten Woche: Die Schüler sammeln selbst welche aus verschiedenen Zeitungen und Zeitschriften oder verwenden das beigebene Material. Übereinstimmungen - Unterschiede bei einem bestimmten Sternzeichen.

2. Informationsentnahme aus Texten: Die beiden Ausschnitte aus der Zeitschrift "test" werden bearbeitet, strukturiert.

3. Befragung von Bekannten, Verwandten, Passanten, Schülern über die Horoskopgläubigkeit; Entwurf eines Fragebogens.

4. Schwerpunkt "Politik": Okkultgläubige Politiker, die ihre Entscheidungen nicht nach Abwägen der Sachlage, sondern nach dem Vogelflug, dem Würfel... treffen? Wie fühlen wir uns als Abhängige? Auswertung der Karikaturen.

5. Suchen und Auswerten von Werbeanzeigen der in Zeitungen inserierenden Astrologen: Wodurch wird der Anschein von Seriosität erweckt? Wodurch versuchen sich die Astrologen untereinander zu unterscheiden?

astro AB 9

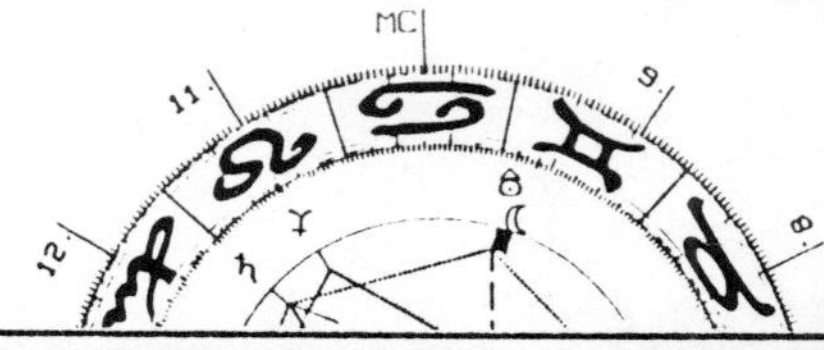

DEINE STERNE

für die Woche vom 10.–16.9.1988

H. Grönemeyer
12. 4. 1956

WIDDER 21.3. – 20.4.
Jemand, der (die) Dir vertrauenswürdig schien, enttäuscht Dich. Ein Wunsch wird Dir zu Hause, vom Partner/Freund erfüllt. Deine Knete kann auf bessere Zeiten hoffen! In Schule/Beruf hilft Dir das Glück!

Sandra
18. 5. 1962

STIER 21.4. – 20.5.
Bei Diskussionen bist Du top da. Eine überraschende Begegnung macht Eindruck auf Dich! In Schule/Beruf hilft man Dir weiter! Aber: Denke scharf nach, ehe Du auf ein verlockendes Angebot eingehst! Freizeit-Spaß!

J. Marcus
6. 6. 1949

ZWILLINGE 21.5. – 21.6.
Du stehst vor einer wichtigen Entscheidung! Dein Partner/Freund geht besonders nett auf Dich ein! Sei äußerst vorsichtig im Straßenverkehr, Du fällst allzu leicht auf Leichtsinnige rein! Anmach-Glück!

Mandy Smith
17. 7. 1970

KREBS 22.6. – 22.7.
Du neigst jetzt – mehr als sonst – dazu, allzu leicht „einzuschnappen". Damit verdirbst Du Dir gute Chancen! Aus einer lockeren Verbindung könnte mehr werden! In Schule/Beruf: Pluspunkte! Glückstag: Montag!

River Phoenix
23. 8. 1970

LÖWE 23.7. – 23.8.
Du lüftest überraschend ein Geheimnis! In einer hartnäckigen Anmache kommst Du entscheidende Schritte weiter! In Schule/Beruf läßt man Dich nicht ohne Hilfe stehen! Futter für Dein Sparschwein! Glückstag: Freitag!

Anja Schüte
2. 9. 1964

JUNGFRAU 24.8. – 23.9.
Jemand hält ein Versprechen! Zu Hause bemüht man sich, auf Deine Probleme einzugehen! Eine Begegnung macht gewaltigen Eindruck auf Dich! Bei einer Fete kommst Du gut an! Hilfe für die Finanzen! Glückstag: Sonntag!

Anthony Delon
30. 9. 1964

WAAGE 24.9. – 23.10.
Bei Wettkämpfen bist Du in Form, beim Wetten/Tippen/Raten ist das Glück auf Deiner Seite! Du kannst Sympathien zurückgewinnen, die durch einen Blackout verloren gingen! Bei einer Anmache gibt es Überraschungen!

„Farin Urlaub"
27. 10. 1964

SKORPION 24.10. – 22.11.
Was in der ersten Wochenhälfte schief geht, wird zum Wochenende wieder in Ordnung gebracht: Krach mit Nahestehenden, Pech beim Anmachen! Zu Hause erfüllt man Dir einen Wunsch! Erfreuliche News! Glückstag: Dienstag!

Hape Kerkeling
9. 12. 1964

SCHÜTZE 23.11. – 21.12.
Jemand, von dem Du viel gehalten hast, erweist sich als Blindgänger! Ein zäher Anmach-Versuch kommt ans Ziel! In der Freizeit erlebst Du 100 %igen Spaß! Ein Bammeltag endet relativ harmlos! Glückstag: Donnerstag!

Vanessa Paradis
22. 12. 1972

STEINBOCK 22.12. – 20.1.
Du kommst hinter ein Geheimnis, das Dich sehr überrascht! Jemand, der (die) sich cool gab, versucht, Dir näherzukommen! In der Clique kannst Du für das Begräbnis eines Kriegsbeils sorgen! Glückstag: Samstag!

Daimyo Jackson
23. 1. 1964

WASSERMANN 21.1. – 19.2.
Bleib cool, da sind die Typen, die Dich zu Unüberlegtheiten reizen wollen! Eine Freundschaft, die zu Ende schien, wird zu neuem Leben erweckt! In Schule/Beruf kommst Du weiter! Freizeit-Überraschung!

David Gilmour
6. 3. 1946

FISCHE 20.2. – 20.3.
Du kannst einen Fehler, der Dir zu schaffen machte, ausbügeln! Die Leute zu Hause erfüllen Dir einen Wunsch! Deiner Knete geht es vorübergehend besser! Jemand, der gegen Dich war, läuft zu Dir über!

BRAVO

11. bis 17. September 1988

HOROSKOP

STEINBOCK

22.–31. Dezember: Stellen Sie sich zur Verfügung, wenn man Sie dazu auffordert. Sich selbst anzubieten würde allerdings keinen guten Eindruck machen.

1.–10. Januar: Wenn Sie keine Kritik vertragen, sollten Sie wenigstens Zurückhaltung üben. Dann werden Sie sich künftig auch weniger oft ins Unrecht setzen.

11.–20. Januar: Eine Hand wäscht die andere – diese Regel beherzigen Sie schon lange. Am 15. 9. gehen Sie deshalb bei einem Geschäft nicht völlig leer aus.

WASSERMANN

21.–30. Januar: Was Sie gelernt haben, bewährt sich nach wie vor. Aber Sie probieren schon etwas Neues aus. Würde es vorzeitig publik, könnte Schaden entstehen.

31. Januar bis 9. Februar: Auskünfte über Einzelheiten zu geben, geht Ihnen gegen den Strich. Doch darüber sollte Ihr Partner nicht verstimmt sein.

10.–19. Februar: Sie möchten einen Posten übernehmen, den man Ihnen bisher vorenthalten hat. Nach dem 14. 9. werden Sie sich womöglich anders orientieren.

FISCHE

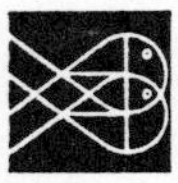

20. Februar bis 1. März: Mit heftigen Reaktionen können Sie kaum die gewünschte Wirkung erzielen. Am 16. 9. wäre es daher klüger, gleich ganz zu schweigen.

2.–10. März: In einer bestimmten Angelegenheit Interesse zu bekunden, wäre bedenklich. Möglicherweise würde man Sie in die Sache mit hineinbeziehen.

11.–20. März: Daß jemand für Sie einspringt, kommt Ihnen gerade jetzt gelegen. Was Sie nebenbei vereinbart haben, geht keinen Außenstehenden etwas an.

WIDDER

21.–31. März: Ziehen Sie einen Schlußstrich. Was bis zum 13. 9. offengeblieben ist, wird sich erst nach einiger Zeit zur Zufriedenheit erledigen lassen.

1.–10. April: Eine Methode, die Sie bisher ausprobiert haben, konnte Sie nicht restlos befriedigen. Versuchen Sie es deshalb einmal auf einem ganz anderen Weg.

11.–20. April: Eine Sorge sind Sie glücklich los. Nutzen Sie Ihren Spielraum aber nur in Maßen. Eine amtliche Rückfrage sollte Sie nicht erschrecken.

STIER

21.–30. April: Ihnen glückt in dieser Woche vielleicht ein ganz großer Fang. Leider wird ein eventueller Erfolg mehr Aufsehen erregen, als Ihnen lieb sein kann.

1.–10. Mai: Lassen Sie sich nicht von der allgemeinen Verwirrung anstecken. Sie allein können Ärgeres verhindern. Am 12. 9. kommt ein Glückwunsch.

11.–20. Mai: Eine Erklärung ist das mindeste, was man Ihnen schuldet. Aber davon hätten Sie noch nicht allzu viel. Der Fall sollte endlich erledigt sein.

ZWILLINGE

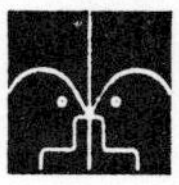

21.–31. Mai: Sie sollten im Auge behalten, was auf Ihrem Gebiet in Bewegung gerät. Am 17. 9. könnten Sie dann einen Vorgang in Ihrem Sinn beeinflussen.

1.–11. Juni: Daß Sie mit gutem Beispiel vorangehen, ist selbstverständlich. Rät Ihnen jemand, anders zu handeln, so will er Sie damit aufs Glatteis führen.

12.–21. Juni: Bei Ihrem Beruf dürfen Sie nicht alles glauben, was man Ihnen erzählt. Ein Glückwunsch zu Ihrem Auftritt kommt allerdings von ganzem Herzen.

KREBS

22. Juni bis 1. Juli: Allen Gerüchten um Ihren Partner sollten Sie entschieden entgegentreten. Andernfalls würde der Abend des 13. 9. nicht wie erhofft verlaufen.

2.–12. Juli: Entweder sind Sie in Begleitung erwünscht, oder Sie winken ab. Was Sie dadurch verlieren, können Sie woanders zurückgewinnen.

13.–22. Juli: Über Einzelheiten eines Vorfalls will man Sie im unklaren lassen. Warum, erkennen Sie bald. Forschen Sie einstweilen von sich aus weiter.

LÖWE

23. Juli bis 2. August: Überwinden Sie sich, und tun Sie den ersten Schritt. Alles Weitere ist dann einfach. Eine Auskunft, die Sie erhalten, erscheint vieldeutig.

3.–12. August: Sie dürfen guter Dinge sein. Was Sie heute vermissen, wird sich schon morgen finden. Am 11. 9. zahlt man freiwillig fast jeden Preis.

13.–23. August: Obwohl Sie von einem neuen Projekt fasziniert sind, ist Ihnen klar, daß die alte Richtung noch etwas zu bieten hat. Wägen Sie gründlich ab.

JUNGFRAU

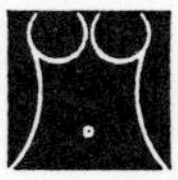

24. August bis 2. September: Eine Geschichte, die Sie hören, kommt Ihnen bekannt vor. Nur die Personen sind andere. Den Ausgang können Sie sich denken.

3.–12. September: Sie nehmen sich jede Freiheit heraus. Auf die Dauer geht das so nicht weiter. Eine Szene wird Ihnen noch lange im Gedächtnis bleiben.

13.–23. September: Sie kümmern sich um Angelegenheiten, die Sie nichts angehen. Hoffentlich dankt man es Ihnen. Am 12. 9. müssen Sie eilig aufbrechen.

WAAGE

24. September bis 3. Oktober: Klammern Sie sich nicht an längst begrabene Hoffnungen. Hier wie dort denkt jeder an sich selbst. Auch sonst ist alles unverändert.

4.–13. Oktober: Sie wollen wieder mitmischen. In diesem Fall ist am 17. 9. aber kaum ein Blumentopf zu gewinnen. Bleiben Sie lieber Zuschauer.

14.–23. Oktober: Gefühle sprechen mit. Dadurch wird eine Verständigung erschwert. Das Hauptproblem dürfte zu lösen sein, indem jeder guten Willen zeigt.

SKORPION

24. Oktober bis 2. November: Was in Unordnung geraten war, spielt sich wieder ein. Ihr persönliches Eingreifen erweist sich dabei als besonders effektvoll.

3.–12. November: Eine Regelung ist längst perfekt. Nur Sie als Hauptbetroffenen hat man noch nicht eingeweiht. Vielleicht möchte man Ihre Gefühle schonen.

13.–22. November: Vermeiden Sie Originalität um jeden Preis. Ihr Publikum ist konservativ. Und bis zum 16. 9. wird es sich wohl kaum wesentlich ändern.

SCHÜTZE

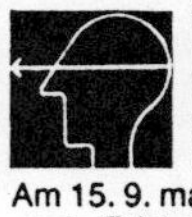

23. November bis 2. Dezember: Die Verlängerung eines auslaufenden Vertrages ist unproblematisch. Am 15. 9. machen Sie eine interessante Erfahrung.

3.–12. Dezember: Die Gesellschaft, zu der Sie gehören möchten, verlangt Gegenleistungen. Wenn Sie aus der Reihe tanzen, sind Sie bald geliefert.

13.–21. Dezember: Nutzen Sie die Freiheiten, die man Ihnen zugesteht. Was man Ihnen heimlich anbietet, geschieht jedoch nicht ganz uneigennützig.

stern

astrologie

Ihr Horoskop
vom 8. bis 14. September

Widder (21. 3. – 20. 4.) Ein schönes Erlebnis hebt Ihre Stimmung. Es liegt an Ihnen, diesen Seelenzustand aufrechtzuerhalten. Lassen Sie also ärgerliche Themen so lange liegen, bis Sie nicht mehr aktuell sind! Ihr Talent, konzentriert arbeiten zu können und dennoch Freude zu genießen, ist viel wert. So meistern Sie den Alltag am besten. Glückszahlen: 2, 17, 29, 42.

Stier (21. 4. – 20. 5.) Sie haben viel erreicht und brauchen sich nicht abzuhetzen. In Ihrem Umfeld werden Sie teils bewundert, teils beneidet. Es besteht aber auch die Gefahr, daß Sie sich zuviel zumuten. Abhängigen Menschen gegenüber sollten Sie sich etwas aufgeschlossener zeigen, denn auch deren Lebensharmonie ist für Sie wichtig. Ihre Glückszahlen: 7, 20, 34, 44.

Zwillinge (21. 5. – 20. 6.) Was nicht auf Anhieb gelingt, ist deshalb noch nicht verloren. Nehmen Sie einen neuen Anlauf, denn es steht viel auf dem Spiel! Man ist geneigt, Ihnen selbst ungewöhnliche Wünsche zu erfüllen. Nutzen Sie das aber nur mit äußerster Vorsicht aus, denn eines Tages kann die Gegenrechnung kommen. Ihre Glückszahlen lauten: 7, 23, 32, 45.

Krebs (21. 6. – 22. 7.) Man möchte manches auf Sie abwälzen, weil man Ihre Zuverlässigkeit kennt. Seien Sie nicht zu gutmütig! Machen Sie klar, wo Sie den Schlußstrich setzen! Bevor Sie abschalten können, muß noch harte Arbeit geleistet werden. Dann winkt aber eine Periode der Freude und Erholung. Ihre Glückszahlen in dieser Woche lauten: 5, 19, 30, 44.

■ Liebe ■ Geld ■ Gesundheit
DAS Glücks-HOROSKOP

Vom Freitag, dem 9., bis zum Donnerstag, dem 15. September 1988

Auf einen Blick: Der Sonntag tanzt wieder einmal aus der Reihe. Neumond und wenig verheißungsvolle Stern-Winkel warnen vor Mißgeschick und Zwischenfällen, in die man unversehens geraten kann. So vielversprechend die übrigen Tage sind – vor allem für Begegnungen, Aussprachen, Zusammenfinden –, für den Sonntag sollte man sich nicht viel vornehmen

WIDDER (21. 3. bis 20. 4.)
Liebe: Endlich! Die Wolken verziehen sich. Am 12. 9. läßt sich ein Herz im Sturm erobern. **Geld/Beruf:** Was Sie zuletzt eingefädelt haben, entwickelt sich prächtig. Verlieren Sie nur nicht die Nerven, wenn die erwarteten Einnahmen noch auf sich warten lassen. Geduld! **Gesundheit:** Zuviel Überschwang. Herzbelastendes meiden! **Bester Tag: 12.**

STIER (21. 4. bis 21. 5.)
Liebe: Nicht ungerecht sein, wenn mal etwas nicht nach Wunsch verläuft. Ab dem 15. 9. kommen Sie wieder besser zum Zuge. **Geld/Beruf:** Eine neue Aufgabe erweist sich nun doch als umfangreicher, als zunächst angenommen. Trotzdem dranbleiben. Am 14. 9. kommt Ihnen jemand zu Hilfe. **Gesundheit:** Etwas abgeschlafft. Wieder mehr Sport! **Bester Tag: 14.**

ZWILLINGE (22. 5. bis 21. 6.)
Liebe: Ein glücklicher Umstand führt Sie um den 9. 9. mit einer attraktiven Person zusammen. Es knistert! **Geld/Beruf:** Supereinflüsse. Wenden Sie sich nach außen. Peilen Sie Ihre Ziele aber nicht nur mit Kraft, sondern auch mit Köpfchen an. Erfolgsmeldung am 13. 8. **Gesundheit:** Schwacher Kreislauf? Mit Wechselbädern probieren. **Bester Tag: 13.**

KREBS (22. 6. bis 22. 7.)
Liebe: Momentan sollten Sie aufpassen, daß man Sie nicht ausnützt. Allzuviel Verständnis bringt nicht immer weiter. **Geld/Beruf:** Dank Pluto wäre ein beruflicher Durchbruch möglich, doch nur, wenn Sie sich auf solide und seriöse Sachen einlassen. Nicht spekulieren! **Gesundheit:** Besonders den Magen achten. Übersäuerungsgefahr! **Bester Tag: 9.**

LÖWE (23. 7. bis 23. 8.)
Liebe: Jetzt sollte nichts mehr zwischen Ihnen stehen. Scheuen Sie sich deshalb nicht, vergangene Fehler zuzugeben. **Geld/Beruf:** Lassen Sie sich sehen, und knüpfen Sie Gespräche an. Eine zufällige Begegnung am 14. 9. könnte Ihnen verschlossene Türen öffnen. Geld am 15. **Gesundheit:** Starke Verfassung. Ein neuer Sport reizt. **Bester Tag: 14.**

JUNGFRAU (24. 8. bis 23. 9.)
Liebe: Nicht mehr ganz so turbulent, doch das dürfte Sie mehr belasten als erleichtern. Planen Sie etwas Besonderes. **Geld/Beruf:** Andere kochen auch nur mit Wasser. Erstarren Sie nicht gleich in Ehrfurcht, wenn Sie um den 12. 9. einer höhergestellten Persönlichkeit begegnen. **Gesundheit:** Auf genügend Vitaminzufuhr achten. **Bester Tag: 9.**

WAAGE (24. 9. bis 23. 10.)
Liebe: Um den 11. 9. haben Sie einen phantastischen Einfall. Begeistern Sie auch Ihren Partner dafür! **Geld/Beruf:** Anstehende Fragen klären sich jetzt doch rascher als vermutet. Um den 14. 9. könnte eine rechtliche Frage zu Ihren Gunsten entschieden werden. **Gesundheit:** Eigentlich gut, doch Sie neigen zu Unrast. Cool bleiben! **Bester Tag: 11.**

SKORPION (24. 10. bis 22. 11.)
Liebe: Ihre gelegentliche Gereiztheit macht Ihrem Gegenüber ziemlich zu schaffen. Vor allem fair bleiben! **Geld/Beruf:** Nicht alles ist angenehm. Doch das dürfte kaum stören, zumal eine tolle Nachricht um den 12. 9. alle Erwartungen weit übertrifft. Am 15.: Keine Forderungen! **Gesundheit:** Versteckte Infektion möglich. Zum Arzt! **Bester Tag: 12.**

SCHÜTZE (23. 11. bis 21. 12.)
Liebe: Spürbare Belebung. Selten dürfte man sich so viel um Sie gekümmert haben. Zärtliche Stunden am 15. 9. **Geld/Beruf:** Vor allem Merkur, der Gott des Handels, ist Ihnen wohlgesinnt. Um den 13. 9. könnte Ihnen ein Geschäft gelingen, das Ihnen wohl niemand zugetraut hätte. **Gesundheit:** Lange Wanderungen täten der Atmung gut. **Bester Tag: 15.**

STEINBOCK (22. 12. bis 20. 1.)
Liebe: Vermutlich sind Sie zu sehr in sich selbst verstrickt. Zeigen Sie doch mal Ihrem Partner sehr deutlich, daß Sie ihn mögen. **Geld/Beruf:** Reizvolle Pläne und rosige Zukunftsaussichten. Aber auch die Neigung, Illusionen nachzujagen. An das Machbare halten! **Gesundheit:** Neue Eindrücke bauen auf: Raus aus den vier Wänden! **Bester Tag: 9.**

WASSERMANN (21. 1. bis 19. 2.)
Liebe: Eine kleine Reise wäre nicht schlecht. Der Abstand und die Ruhe könnten vieles klären. Keine Kurzschlußhandlungen! **Geld/Beruf:** Viel Druck fällt ab. Eine Veränderung am Arbeitsplatz um den 10. 9. erweist sich als Glücksfall. Wachsende Gewinnchancen ab dem 13. **Gesundheit:** Offen für alle Genüsse. Grenzen strikt einhalten. **Bester Tag: 10.**

FISCHE (20. 2. bis 20. 3.)
Liebe: Ein kleiner Flirt um den 13. 9. könnte bedeutsamer werden, als Sie zunächst annehmen. Arrangieren sie ein Wiedersehen! **Geld/Beruf:** Nicht unbedingt Traumtage. Sie neigen dazu, sich des öfteren selbst ein Bein zu stellen. Bestehen Sie in jedem Fall auf genauen Abmachungen. **Gesundheit:** Härter gegen sich selbst sein! **Bester Tag: 13.**

Neue Revue

Löwe (23. 7. – 23. 8.) Für kleine Signale der Zuneigung ist Ihr Partner jetzt besonders dankbar. Streichen Sie am besten alle unnötigen Termine von der Tagesordnung! Nutzen Sie die so entstandene Freizeit doch mal für einen schönen Ausflug in die nähere Umgebung! Das tut Ihnen bei der augenblicklichen Hektik sicher gut. Ihre Glückszahlen: 10, 24, 33, 46.

Jungfrau (24. 8. – 23. 9.) Gibt es Spannungen mit nahestehenden Menschen? Doch wohl nur, weil Sie auf Ihrem Recht bestehen. Dabei ist guter Wille auf beiden Seiten zu erkennen. Zeigen Sie sich also nicht spröde, und öffnen Sie Ihr Herz. Im richtigen Augenblick finden Sie auch Freunde und Fürsprecher, denen Sie dankbar sein sollten. Ihre Glückszahlen: 19, 25, 37, 48.

Waage (24. 9. – 23. 10.) Im Bereich Ihres Herzens lösen sich nun Windstille und Sturm ab. Jetzt ist Gelassenheit angebracht. Gehen Sie spazieren, lesen Sie ein gutes Buch! So lange Sie fremde Interessen respektieren, ist kein Ärger in Sicht. Aber Vorsicht in Geldangelegenheiten! Gutmütigkeit kann ausgenutzt werden. Ihre Glückszahlen: 11, 25, 30, 45.

Skorpion (24. 10. – 22. 11.) Bewährte Methoden und gute Freunde nützen Ihnen jetzt mehr als spekulative Versuche. Die Liebe spielt in dieser Woche eine große Rolle. Alles ringsherum scheint in festlicher Stimmung zu sein. Kleine Sticheleien von Neidern sollten Sie deshalb nicht wichtig nehmen. Ihr Herz ist gut aufgehoben. Ihre Glückszahlen: 13, 15, 31, 45.

Schütze (23. 11. – 21. 12.) Machen Sie sich von Vorurteilen frei: Schon manche Puppe wurde ein wunderschöner Schmetterling. Vielleicht fällt Ihnen die Entscheidung zwischen zwei Möglichkeiten (oder Menschen?) schwer. Prüfen Sie, was Sie sich und anderen schuldig sind – besonders natürlich Ihrem Partner! Ihre Glückszahlen in dieser Woche lauten: 7, 21, 28, 39.

Steinbock (22. 12. – 20. 1.) Die Begegnung mit einer ungewöhnlichen Persönlichkeit fasziniert Sie. Eine ebenso aufregende wie schöne Zeit beginnt. Lassen Sie sich dadurch aber nicht ablenken. Sie brauchen jetzt Rückendeckung von Ihren Kollegen, um Ihre Pläne zu realisieren. Gewinnen Sie Vertrauen! Ihre Glückszahlen in dieser Woche lauten: 11, 19, 24, 41.

Wassermann (21. 1. – 19. 2.) Bleiben Sie sachlich, denn mit Gefühlen allein ist Ihr Problem nicht zu lösen. Hören Sie auch die andere Seite an! Ein Kompromißvorschlag liegt schon in der Luft. Nun wird es wohl bald einmal Zeit, alle guten Vorsätze in die Tat umzusetzen. Achten Sie etwas mehr auf die Gesundheit! Ihre Glückszahlen in dieser Woche lauten: 11, 27, 36, 45.

Fische (20. 2. – 20. 3.) Fleiß und Sorgfalt haben sich gelohnt: Jetzt singt man auf einmal Ihr Loblied! Will man Sie vielleicht gegen Dritte ausspielen? Prüfen Sie, ob der Prestigegewinn echt ist! Ein Grundsatz muß eisern gelten: Was Ihrem Partner schadet, kann Ihnen keinesfalls nützen! Das haben Sie doch schon öfter erlebt. Ihre Glückszahlen: 3, 17, 28 und 47.

tina

astrologie

Sag mir Deine Geburtszeit, und ich sage Dir, was Du bist

Das Geburtshoroskop – als Grundlage jeder astrologischen Beratung – ist eine Zeichnung, in der der Stand der Gestirne zum Zeitpunkt der Geburt so eingetragen ist, wie er sich vom Geburtsort gesehen darstellt. Der Begriff »Horoskop« ist entstanden aus dem lateinischen »hora« = Stunde und dem griechischen »skopein« = schauen, bedeutet also Stundenschau. Heute schauen die Astrologen nicht mehr allein auf die Stunde, sondern berechnen Horoskope minutengenau.

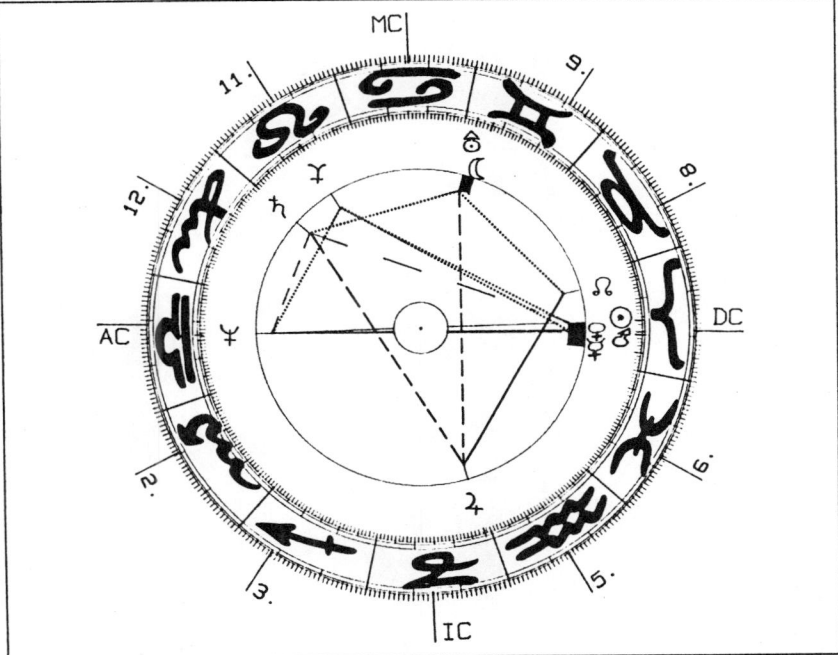

Die Abbildung zeigt ein Geburtshoroskop für eine Geburt am 4. 4. 49 um 18.35 Uhr in Stuttgart. Die 360 Grad des Kreises sind in zwölf gleich große Abschnitte mit den Symbolen des Tierkreises unterteilt. In dem Kreis ist die Stellung der Planeten (wozu die Astrologen wegen ihrer geozentrischen Denkweise auch Sonne und Mond rechnen) eingetragen. Ihre Stellung wird mit Hilfe umfangreicher Tafelwerke, sogenannter Ephemeriden, berechnet. Im Beispiel steht die Sonne im Widder, das heißt, unsere Testperson ist ein »Widder«.

Das Tierkreiszeichen, in dem die Sonne steht, beinhaltet das Grundverhalten, den Wesenskern. Die anderen Gestirne symbolisieren Anlagen und Wesenskräfte. So steht zum Beispiel der Mars für Energie, Mut, Leistungs- und Entscheidungskraft. Der Mars ist – da in seinen »Eigenschaften« dem Widder ähnlich – der Regent oder Gebieter dieses Tierkreiszeichens. Wenn er wie im Beispiel im Widder steht, verstärkt er dessen Eigenschaften.

Wie die Planeten genau »wirken«, hängt von ihrer Stellung in den zwölf Häusern ab, die ganz außen am Tierkreis eingetragen sind. Je nach Berechnungsmethode umfassen sie jeweils 30 Grad oder (mit Hilfe spezieller Häusertafeln ermittelte) unterschiedlich große Abschnitte. Das erste Haus beginnt stets am Ascendenten (AC). Das ist der Punkt des Tierkreises, der zum Zeitpunkt der Geburt am östlichen Horizont aufsteigt, er ist links im Horoskop eingetragen. Unser »Widder« hat demnach den Ascendenten »Waage«. Der Ascendent ist für die Deutung eines Horoskops ebenso wichtig wie das Tierkreiszeichen, unter dem jemand geboren wird: Er symbolisiert die Erscheinung, das Hauptanlagegefüge eines Menschen. Im Laufe eines Tages steigen nacheinander alle zwölf Tierkreiszeichen im Ascendenten auf, alle zwei Stunden ein neues.

Vom Ascendenten werden die Häuser weiter entgegen dem Uhrzeigersinn gezählt. Das vierte Haus beginnt am Immun Coeli (IC), dem tiefsten Punkt des Himmels. Gegenüber dem Ascendenten liegt im Westen der Descendent (DC), dort beginnt das siebte Haus. Das zehnte Haus beginnt mit dem Medium Coeli (MC), der Himmelsmitte.

Die zwölf Häuser symbolisieren den irdischen Raum, das heißt die reale Lebenssituation. Jedem Haus ist ein Lebensbereich zugeordnet. So gilt das elfte Haus als Haus der Freundschaften, das sechste gibt Aufschluß über Arbeitsprobleme und Leistungsbereitschaft.

Die Linien zwischen den Planeten, den Punkten des Achsenkreuzes AC, MC, DC und IC sowie den Häuserspitzen in einem Horoskop werden als Aspekte bezeichnet. Sie sollen etwas über die Beziehungen zwischen den Kräften aussagen, die einem Horoskop innewohnen. Die fünf Hauptaspekte beziehen sich auf Winkel von 0°, 60°, 90°, 120° und 180°, daneben gibt es eine Reihe von Sekundär- und Nebenaspekten. Die angegebenen Winkel müssen nicht exakt stimmen, vielmehr gibt es je nach Aspektart und Planet gewisse Toleranzgrenzen, die teilweise bis zu 15° Abweichung erlauben. Konjunktion (0°), Quadrat (90°) und Opposition (180°) gelten als spannungsreich. Geringere Spannung symbolisiert Quincunx (150°), während Sextil (60°) und Trigon (120°) spannungslos sind und einen leichten Energiefluß erlauben.

Die Vielzahl von Einzelinformationen, die in einem Horoskop steckt, muß für seine Deutung von einem Astrologen zusammengebracht werden. Der Charaktertyp, die Grundkräfte und das Anlagegefüge müssen zu einer stimmigen Synthese gefügt werden. Dies ist die eigentliche Kunst des Astrologen. Aber je nach Gewichtung der einzelnen Informationen kann das Ergebnis unterschiedlich ausfallen. Eindeutig ist ein Horoskop keinesfalls.

Bei der astrologischen Prognose und auch Rückschau in die Vergangenheit wird davon ausgegangen, daß die einzelnen Planeten im Laufe eines Lebens auf dem Horoskop vorrücken und immer neue Aspekte, die sogenannten Direktionen, mit den Ausgangspositionen der anderen Planeten bilden. Oder man legt einer Prognose die Transite, das heißt die Winkelbeziehungen der Planeten in ihrem Lauf zu den Planetenstellungen im Geburtshoroskop, zugrunde. Die Transite der Planeten zur Sonne sind die Basis der in vielen Zeitungen und Zeitschriften veröffentlichten Horoskope (sofern man sich – was üblich sein soll – die Texte nicht einfach ausgedacht hat).

Die Überprüfung der Geburtszeit erfolgt auf ähnliche Weise. Dazu werden für wichtige Daten die Planetenkonstellationen mit den jeweiligen Ereignissen verglichen. Wenn sich Ungereimtheiten ergeben, wird die Geburtszeit so korrigiert, daß sich Widersprüche auflösen.

astrologie

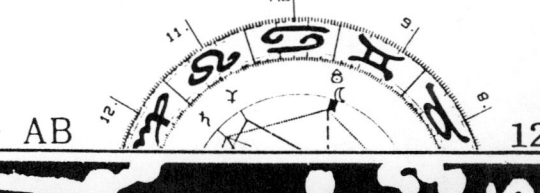

Was haben die Opfer der Titanic gemeinsam?

Die Astrologie erhebt im allgemeinen nicht den Anspruch, eine Wissenschaft zu sein. Sie versteht sich vielmehr als Erfahrungslehre. Dies schließt aber keineswegs eine Überprüfung ihrer Grundlagen und Aussagen mit Hilfe wissenschaftlicher Methoden aus. Es herrscht kein Mangel an Versuchen, wissenschaftliche Beweise für oder gegen die Astrologie zu finden*). Allzusehr widerspricht die Vorstellung, Tausende oder gar Millionen von Kilometern entfernte Planeten und Sternbilder könnten unsere Eigenschaften und unser Schicksal bestimmen, dem herrschenden Wissenschaftsverständnis, als daß man die Astrologie ungeprüft akzeptieren könnte.

Die Skepsis scheint berechtigt, denn bisher endeten die Versuche einer wissenschaftlichen Untermauerung kläglich für die Astrologie – entweder sprachen die Ergebnisse eindeutig gegen astrologische Erklärungsversuche, oder die Experimente waren so angelegt, daß die daraus abgeleiteten »Beweise« Nachprüfungen nicht standhielten.

Zumeist bemüht man die Astronomie, wenn Argumente gegen die Astrologie gesucht werden. Die Präzession, das heißt Kreiselbewegung der Erdachse, hat nämlich zur Folge, daß es *den* Tierkreis gar nicht gibt. Vielmehr gibt es zwei Tierkreise, den sogenannten tropischen und den siderischen Tierkreis. Während sich die westliche Astrologie vornehmlich an ersterem orientiert, geht die östliche Astrologie von letzterem aus. Nur alle 25 800 Jahre (Umlaufzeit der Erdachse) stimmen beide exakt überein. Zur Zeit des Ptolemäus, des Begründers der westlichen Astrologie, war das annähernd der Fall. Damals stand am Tage des Frühlingsanfangs (21. März) die Sonne tatsächlich im Widder. Heute steht sie zum gleichen Zeitpunkt in den Fischen und in wenigen Jahren im Wassermann (für die Astrologen befinden wir uns deshalb am Übergang zum Zeitalter des Wassermanns), aber noch immer wird der Zeit vom 21. März bis 19. April das Tierkreiszeichen Widder zugeordnet. Da den Zeichen in beiden Tierkreisen dieselbe Bedeutung zugeordnet ist, kann dasselbe Stück Himmel unterschiedlich interpretiert werden.

Ganz schlecht sieht es für alle nördlich des Polarkreises Geborenen aus. Dort sind viele Planeten monatelang über oder unter dem Horizont, und manche Sternzeichen können gar nicht auf- oder untergehen. Wer kümmert sich um das Schicksal dieser Menschen, die gar kein normales Horoskop haben können?

Auch die Interpretation bestimmter Sternkonstellationen als Sternbilder ist eher willkürlich. Weder gelingt es mit durchschnittlicher Phantasie, etwa in der mit »Steinbock« bezeichneten Ansammlung heller Punkte am Himmel auch nur annähernd etwas Tierähnliches zu erkennen, noch bilden die einzelnen Sterne tatsächlich eine Einheit. Sie sind vielmehr unvorstellbar weit voneinander entfernt und sehen nur so aus, als gehörten sie zusammen. Genauso trügerisch ist der Eindruck, die Planeten befänden sich in den Sternbildern.

Für Astrologen sind diese Einwände nicht stichhaltig, sondern beweisen nur die Ignoranz des Kritikers. Bereits seit Jahrhunderten sind die Probleme bekannt und von der Astrologie akzeptiert: Sie behauptet deshalb gar nicht, daß der Tierkreis in der Astrologie mit den Sternbildern der Astronomie identisch sei: Sie behandelt den Tierkreis als Abstraktion mit symbolischer Bedeutung.

Man könnte die astronomischen Einwände ohnehin großzügig vernachlässigen, wenn zumindest die Aussagen der Astrologie einer wissenschaftlichen Nachprüfung standhielten. Zwar ist es oft genug verblüffend, wie gut man sich durch eine Horoskopdeutung getroffen sieht, jedoch sieht dies unter streng wissenschaftlich experimentellen Bedingungen ganz anders aus.

Mit großem Aufwand und in Zusammenarbeit mit Astrologen wurde 1985 an der berühmten University of California in Berkeley ein aufwendig angelegter Test durchgeführt, der die Frage klären sollte, ob Astrologen von den exakten Geburtsdaten auf die Persönlichkeit schließen können. 28 der besten Astrologen des Landes sollten aus jeweils drei ausführlichen Persönlichkeitsprofilen jenes auswählen, das zu den Geburtsdaten paßt. Die Trefferquote lag mit 30 Prozent weit unterhalb der von den Astrologen selbst erwarteten »mindestens 50 Prozent« und wäre selbst bei rein zufälliger Anordnung kaum anders ausgefallen.

Ein geradezu makabres Experiment führte Michel Gauquelin durch, der in einer Anzeige die kostenlose Erstellung persönlicher Horoskope anbot. Auf Nachfragen erklärten 94 Prozent der Antwortenden, daß sie sich in ihrem Horoskop treffend beschrieben sähen. 90 Prozent fanden sich in dieser Ansicht sogar von Freunden und Verwandten bestätigt. Der Haken an der Sache war nur, daß keiner sein eigenes Horoskop erhalten hatte – Gauquelin hatte allen das Horoskop eines der berüchtigsten Massenmörder Frankreichs geschickt.

Wenn aber ein persönliches Horoskop dermaßen vieldeutig (oder: nichtssagend?) ist, dann könnte dies auch erklären, warum so viele astrologische Methoden, wie sie insbesondere die westliche Astrologie bietet, nebeneinander existieren können. Anderenfalls müßte es doch empirische Befunde darüber geben, welche Methode die beste ist. Zwar stützen sich alle Astrologen auf eine weithin akzeptierte Basis (siehe Kasten: Die Stundenschau), haben diese aber jeweils in unterschiedlicher Richtung weiterentwickelt, so daß es beinahe so viele Astrologien wie Astrologen gibt. Trotzdem behauptet jeder von ihnen, Erfolge und zufriedene Kunden zu haben.

Noch problematischer als der Bereich der Persönlichkeitsbeschreibung mit Hilfe eines Horoskops ist der Anspruch der Astrologie, Prognosen von Ereignissen stellen zu können. Dies liegt unter anderem daran, daß sich die Astrologie einer Sprache der Symbolik und Metaphern bedient. Wenn zum Beispiel eine bestimmte Konstellation als »Tod« interpretiert wird, so muß dies keineswegs den eigenen medizinischen Tod bedeuten. Vielmehr könnten auch nahe Verwandte oder Freunde betroffen sein. Auch eine Interpretation als Abschied oder Trennung wäre möglich. Was tatsächlich zutrifft (vielleicht auch nichts von alledem), kann nur die Zukunft zeigen.

Wenn das Horoskop tatsächlich einschneidende Ereignisse im Leben eines Menschen beinhalten würde, so müßten zum Beispiel die 1500 Ertrunkenen der Titanic-Katastrophe, die Opfer eines Krieges oder die Betroffenen von Tschernobyl alle Gemeinsamkeiten in ihren Horoskopen aufweisen. Bisher gibt es hierfür keinen Nachweis. Daß er je erbracht wird, erscheint eher zweifelhaft.

All diese Argumente und Untersuchungen können die Astrologen nicht anfechten. Sie sind »unblamierbar«, wie es der Kulturhistoriker Aby Warburg einmal ausdrückte. Da stört es sie auch wenig, daß man noch heute vergeblich auf einen ernsthaften Anwärter für den 1979 im Astrological Journal ausgelobten Preis von 500 Pfund Sterling wartet: Das Geld soll derjenige erhalten, der objektive Beweise für den Zusammenhang zwischen Tierkreis und Persönlichkeit vorlegen kann.

---

*) Einen guten Überblick über die Versuche, Astrologie wissenschaftlich zu beweisen, bieten zum Beispiel Hans-Jürgen Eysenck und David Nias in »Astrologie — Wissenschaft oder Aberglaube«. München (List) 1982.

astrologie

Astrologie zwischen Hokuspokus und Börsenspekulation

Wolfgang Angermeyer, ein Absolvent der berühmten Thomasschule in Leipzig, ist ein Sternendeuter. Er hat entdeckt, daß „die Gezeiten der Wirtschaft", das Auf und Ab von Konjunktur und Krise, mit den „kosmischen Rhythmen in Einklang stehen" und daß sich aus dem Stand der Planeten sogar die Kursentwicklungen an der Börse ablesen lassen — bei Bedarf für jede Einzelaktie.

Er trägt keinen Zauberhut und keine Eule auf der Schulter. Das Wort „Astrologie" klingt ihm „zu mittelalterlich". So redet er denn von „Wirtschaftskosmologie".

Die Sterne und das Geld — das ist kein Märchen aus modernen Zeiten, in dem es goldene Taler regnet, sondern hartes Geschäft. In den Vereinigten Staaten reüssieren Börsenbriefe, die ihre Empfehlungen auf astrologischer Grundlage geben. „Put the power of the universe in your share trading" — „setze die Macht des Universums für deine Aktiengeschäfte ein", lautet die griffige Formel.

In der Bundesrepublik steckt die Zusammenarbeit zwischen Wirtschaft und Astronomie noch in den Kinderschuhen. Angermeyer gehört zu den Pionieren. Im Februar will er für Frankfurter Banker ein erstes Seminar über die Auswirkungen kosmischer Rhythmen auf den Kursverlauf bei Börse und Aktien ausrichten — Teilnahmegebühr 1000 Mark. „Es sind ja keine armen Leute, die so etwas machen", meint der Meister.

FR, 31.12.86

„Der Chef schwört auf ihn, und außerdem ist der Sachverständigenrat auch nicht besser" (Karikatur: Der Spiegel)

„... SDI zügig vorantreiben, Abrüstung erst mal stoppen, alles klar Nancy?"

Abendzeitung, 5.5.88

Machen Astrologen die Politik der USA?

Geboren im Zeichen des Wassermann: US-Präsident Ronald Reagan.

Von Herbert Winkler

Wenn Ronald Reagan nicht mehr weiter weiß, blickt seine Frau Nancy in die Sterne. Mit dieser Enthüllung hat der Ex-Stabschef des US-Präsidenten, Donald Regan, für größte Aufregung in den USA gesorgt. Während Reagan selbst versicherte, er lasse sich seine politischen Entscheidungen keineswegs von Sterneguckern einflüstern, mußte Präsidentensprecher Marlin Fitzwater gestern gestehen: Frau Nancy überprüfe die Stellung von Sonne, Mond und Sternen, wenn ihr Mann seine Termine plane.

Nancy Reagan, so erklärte Fitzwater in Washington, sei an Astrologie interessiert und habe sie besonders nach dem Attentat auf ihren Mann 1981 in „ihre Sorgen hinsichtlich seiner Handlungen" einbezogen. Die in den USA bekannte Astrologin Joyce Jillson, die sich in Los Angeles mit der Offenbarung zu Wort gemeldet hatte, habe nach dem Attentat „eine ganze Menge Zeit" im Weißen Haus verbracht, sei den Reagans aber nicht bekannt.

Auf die Frage, ob ein Zeitungsbericht wahr sei, daß Reagan auf dem 8. Dezember 1987 als Tag der Unterzeichnung des Mittelstreckenvertrags mit dem sowjetischen Parteichef Michail Gorbatschow bestanden habe, weil ihm ein Astrologe dazu riet, mußte Fitzwater allerdings passen. Der Präsident des Repräsentantenhauses, Jim Wright, kommentierte die Berichte einfach so: „Von mir aus. Ich bin froh, daß er sich überhaupt mit jemandem berät."

Die Astrologie-Enthüllungen von Ex-Stabschef Regan passen zu dem, was ein anderer guter Freund des Hauses, Regans früherer Stellvertreter Michael Deaver, in seiner Version aus dem Weißen Haus berichtete: Reagan sei nicht frei von Aber- und Geisterglauben. Auch damals widersprach der Präsident. In seiner Autobiographie hatte der im Zeichen des Wassermann geborene Reagan 1965 allerdings selbst geschrieben, er habe sich regelmäßig bei seinem „guten Freund" Carroll Righter, einem jetzt im Alter von 88 Jahren verstorbenen Sterndeuter, Rat geholt.

Wie auch immer: Einem machen all diese Plauderer aus des Präsidenten Umfeld das Leben besonders schwer: Pulitzerpreisträger Edmund Morris. Er ist der offizielle Biograph des Präsidenten und muß nun gegen immer mehr Bücher „anschreiben", je näher die Amtszeit Reagans sich dem Ende nähert, um so üppiger den US-Markt überschwemmen: Fachlich hatte Ex-Budgetdirektor David Stockman Ronald Reagan auseinandergenommen. Reagan-Tochter Patty Davis und Adoptivsohn Michael Reagan hatten die Familie in Büchern zerrupft. Und Larry Speakes, der frühere Sprecher im Weißen Haus, nannte seinen Chef nach dem Rücktritt einen zwar charmanten, aber inkompetenten und vertrauensseligen Mann.

Schlechter als Ronny kommt bei allen allerdings immer wieder Frau Nancy weg: Speakes nannte sie eine „Primadonna", für Deaver war sie schlicht eine „graue Maus". Daß nun auch Regan über sie herfällt, darüber wundert sich in den USA niemand: Er wurde bekanntlich von der First Lady, ihres Zeichens Krebs, aus dem Amt gekippt.

astrologie

Alles umsonst
Der Spiegel, 2/86

Bei einem wissenschaftlichen Test versagten amerikanische Astrologen kläglich.

Preisfrage: Können Astrologen von den exakten Geburtsdaten (Zeit und Ort) auf die Persönlichkeit eines Menschen schließen? Genauer: Sind sie in der Lage, von drei ausführlichen Persönlichkeitsprofilen dasjenige auszuwählen, das zu den Geburtsdaten paßt?'

Antwort: Die Astrologen können es nicht – so das Ergebnis einer vor kurzem in der Zeitschrift „Nature" veröffentlichten, gründlichen wissenschaftlichen Untersuchung.

Nur mit einer Treffergenauigkeit von 30 Prozent, nicht zuverlässiger mithin als mit der Zufallstrefferquote, fanden amerikanische Astrologen das richtige Persönlichkeitsprofil heraus – sie selber hatten mit „mindestens" 50 Prozent gerechnet.

Verblüfft war über das Ergebnis auch der Leiter des Experiments, Shawn Carlson, Physiker an der University of California in Berkeley: Die Sterndeuter hätten „kläglich abgeschnitten", stellte er fest; der Test sei ein „überraschend starker Beweis" gegen die Astrologie, gegen die Behauptung also, es gebe einen – nur noch nicht erklärbaren – Zusammenhang zwischen dem Kosmos und dem Menschenschicksal.

Der kalifornischen Studie läßt sich von Astrologen-Seite wenig entgegensetzen. Von Beginn an hatten sie die Betroffenen selber an der Ausarbeitung des Tests beteiligt. Der „Nationale Rat für Geokosmische Forschung", eine US-Organisation, die wegen ihrer Untersuchungen auf dem Gebiet der Astrologie von Sterndeutern in aller Welt respektiert wird, hatte angesehene Astrologen als Berater nominiert.

Für die strikte Neutralität des Experiments sorgten auch die Wissenschaftler. Alle Testprozeduren wurden im Doppelblind-Verfahren erledigt: Weder Teilnehmer (Kandidaten und Astrologen) noch Forscher bekamen in irgendeiner Phase des Experiments Namen zu Gesicht. Die Gesamtüberwachung oblag einem unabhängigen Wissenschaftler.

Die Kandidaten wurden zudem einer Befragung unterzogen: Nur wer bei einem zweimaligen Vortest zu erkennen gab, daß er nicht am Sinn der Astrologie zweifelt, wurde als Teilnehmer akzeptiert. Skeptiker, die Vorbehalte durchblicken ließen, wurden ausgeschlossen.

Der Aufwand war mithin beträchtlich, die Mühen aller Beteiligten groß – allein, so Berkeley-Physiker Carlson, „es war umsonst": Die „besten Astrologen des Landes" (Carlson) bereiteten ihrer Zunft eine peinliche Niederlage.

Schon öfter haben Wissenschaftler versucht, die Aussagen der Sterndeuter mit statistischen Methoden zu überprüfen. Die französischen Psychologen Françoise und Michel Gauquelin beispielsweise, die sich schon seit Jahrzehnten damit befassen, waren aus Gegnern überzeugte Anhänger der astrologischen Verhaltensdeutung geworden.

Bei langjährigen Studien hatten die beiden Franzosen festgestellt, daß ein signifikant höherer Anteil von Spitzensportlern und berühmten Militärs unter einer bestimmten Mars-Konstellation zur Welt gekommen sei. Ärzte und Wissenschaftler, so behaupteten sie aufgrund statistischer Erkenntnisse, hätten vornehmlich unter dem Planeten Saturn das Licht der Welt erblickt.

Die Franzosen, so triumphierte schon der britische Psychologe Hans Jürgen Eysenck, hätten die „wohl überzeugendste Beweisführung für die grundlegende astrologische Prämisse" geliefert, „daß eine Beziehung zwischen dem Leben des Menschen und der Position der Planeten zur Zeit seiner Geburt existiert".

Doch auch die Gedankenblitze des Psychologenpaares illuminierten den astrologischen Sternhimmel nur kurz. Von 1553 Athleten, so fanden die Gauquelins heraus, traf der „Mars-Effekt" auf 22 Prozent zu (Zufallsquote in diesem Fall: 17 Prozent). Oder anders ausgedrückt: Jeweils vier von fünf Athleten hatten es an der Botschaft der Planeten vorbei zu sportlicher Größe gebracht.

Ähnlich beim zweiten Beispiel: Nur bei 19,1 Prozent (Zufallsquote: 16,3 Prozent) von insgesamt 3305 hervorragenden Wissenschaftlern und Ärzten hatte der angeblich kühle, zu gründlicher Nachdenklichkeit prädisponierende Saturn Pate gestanden.

Bemängelt haben Wissenschaftler immer wieder methodische Fehler, die bei Untersuchungen letztlich zu Wunschergebnissen führten. So mußte mittlerweile auch der Brite Eysenck von der These abrücken, Menschen, die unter den ungeraden Sternzeichen (Widder, Zwillinge, Löwe, Waage, Schütze, Wassermann) geboren würden, tendierten zu einer extrovertierten Persönlichkeit; Krebs-, Skorpion- und Fischgeborene seien dagegen emotional labiler („neurotischer").

Der Grund für Eysencks Rückzug: Viele der 2300 von ihm Befragten hatten, wie sich herausstellte, nicht das, was sie über sich selbst wußten, sondern was sie aus Zeitungshoroskopen über sich erfahren hatten, im Fragebogen angegeben.

Verheerend für die Sterngläubigen endete auch der Versuch des amerikanischen Astronomen George O. Abell, den „Mars-Effekt" der Gauquelins an US-Sportchampions nachzuprüfen. Von 408 Athleten, so ergab die Abell-Studie, hatten bei der Geburt nur 13,5 Prozent den Planeten Mars im ersten oder vierten „Haus" gehabt – noch ein paar Prozente weniger mithin als bei einer durchschnittlichen Zufallsverteilung.

In 20 Jahren, spottete Abell milde, werde das Gauquelinsche Phänomen so vergessen sein wie die in den sechziger Jahren vertretene These, daß Plattwürmer sich mit dem Verzehr ihrer Artgenossen deren Intelligenz aneignen könnten.

Der Glaube an die geheimnisvolle Kraft der Gestirne – Fluchtmöglichkeit in einer entmythologisierten, von rationalen Zwängen beherrschten Welt – ist freilich durch solche Tests nicht zu erschüttern. Beinahe jeder zweite Bundesbürger war Mitte der siebziger Jahre davon überzeugt oder hielt es zumindest für möglich, daß sein Schicksal in den Sternen steht.

Der Zulauf zur Sterndeuter-Branche, in der in der Bundesrepublik jährlich über 50 Millionen Mark umgesetzt werden, ist seither noch gewachsen. Erst recht, seit die Schicksalskundigen, wie etwa die französisch-schweizerische Astrologin Elizabeth Teissier (Buchtitel: „Und die Sterne haben doch recht"), mit zeitgemäßem Technik-Brimborium imponieren: Sternanalyse mit Hilfe von Computern.

„Astrologen sind unblamierbar", hatte der Kulturhistoriker Aby Warburg Anfang des Jahrhunderts konstatiert. Warum das so ist, fand Berkeley-Physiker Carlson bei einem zweiten Experiment mit Hilfe der amerikanischen Star-Astrologen heraus.

Diesmal sollten die Testkandidaten wählen, die ihre Geburtsdaten zur Verfügung gestellt und den Persönlichkeitstest absolviert hatten: Aus drei Geburtshoroskopen, welche die Sternkundler erstellt hatten, sollten sie das ihre herausfinden. Nur jeder dritte schaffte es.

Das Ergebnis, interpretierte Carlson gewissenhaft, könne nicht als Beweis gegen die Astrologie gewertet werden. Grund: Auch bei einem Kontrolltest, bei dem die Kandidaten unter drei Persönlichkeitsprofilen ihr eigenes erkennen sollten, hatten sie nicht besser abgeschnitten.

Mit anderen Worten: Man kann den Leuten alles, wirklich alles erzählen.

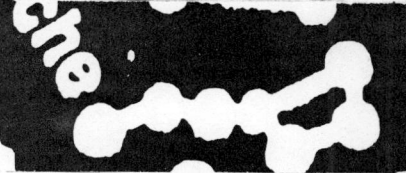

Schwarzseher sagten Katastrophe voraus

Erdbeben blieb aus

Los Angeles sollte im Mai zerstört werden

LOS ANGELES (AP) — Völlig daneben lagen amerikanische Astrologen mit ihrer letzten Katastrophen-Prophezeiung: Im Mai, so hatten sie medienwirksam vorausgesagt, werde Los Angeles von einem Erdbeben zerstört.

„Und wenn diejenigen auch enttäuscht sein mögen, die ein Erdbeben vorausgesagt haben – Los Angeles steht noch", sagte der Direktor des Griffith-Observatoriums, Edwin Krupp, als die letzten Stunden des Mai verstrichen und nichts bebte. Der Astrologe Nostradamus (1503 bis 1566) mit seinen dunklen, stark auslegbaren Prophezeiungen hatte wieder einmal für Düsteres herhalten müssen. Er habe vorausgesagt, hieß es, daß „die große Stadt" im Mai 1988 von einem Erdbeben zerstört werde. Los Angeles lag da nahe, als Termin wurde die Zeit zwischen dem 5. und 10. Mai bestimmt.

Ein Mitglied der Astronomischen Gesellschaft in San Francisco hatte für diese vage Prophezeiung eine einfache Erklärung: Wer am Geschäft mit Übersinnlichem teilhaben wolle, der brauche eben ungefähr im Abstand von einem Jahr ein kosmisches Ereignis.

Nürnberger Nachrichten, 6.6.88

geisterfotos

"Bitte recht freundlich"

Die Fotografie im Dienst des Okkultismus

Die Technik hält zunehmend Einzug in die übersinnliche Welt. Waren es früher nur Schiefertafeln, mit denen sich "Geister" bemerkbar machten (indem sie Botschaften schrieben), so werden heute Foto- und Filmapparate, Video-, Tonband-, und Rundfunkgeräte und sogar Computer benutzt, um PSI - Kräfte sinnlich erfahrbar zu machen oder um in Kontakt mit Verstorbenen zu gelangen.

Oft war nur ein einfacher Wissensvorsprung des Kundigen nötig, um beim gläubigen Publikum erstaunliche Wirkungen zu erzielen.

Nachdem um 1870 die Fotografie weite Verbreitung fand, tauchten bald erste "Geisterfotos" auf, die meist lebende Menschen mit "Geistwesen" abbildeten. Diese sahen so aus, wie man sich eben Geister vorstellte: Verschwommen, durchsichtig, schemenhaft, überirdisch.

Selbst namhafte Wissenschaftler wurden zu eifrigen Anhängern der Geisterfotografie.

Auch damals allerdings gab es Leute, die es sich zur Aufgabe gemacht hatten, Scharlatane und Bürger zu entlarven.

So tauchte bei dem bekannten Pariser Geisterfotograf Buget ein kundiger Polizeibeamter auf, der angab, zusammen mit einem Geist fotografiert werden zu wollen. Er nahm nun, bevor Buget die Kassette vor der Aufnahme in den Apparat schieben konnte, diese an sich und entwickelte sie. Dabei stellte sich heraus, daß der Geist bereits auf der Platte war. Bei einer anschließenden Hausdurchsuchung wurden dann auch die in Leichengewänder gehüllten "Geister" - Puppen gefunden.

Einer der bekanntesten deutschen Bekämpfer okkulter Umtriebe war der Zauberkünstler und Zauberapparate- Hersteller Carl Willmann. Ihm gelang es sehr schnell, die Technik zu entlarven und dann selbst entsprechende Fotos in hervorragender Qualität zu produzieren:

Geisterphotographie.

> Die Spiritisten lassen nämlich das sogenannte Medium und die in ein Geistergewand gehüllte Person gleichzeitig vor den photographischen Apparat treten. Nach etwa drei Sekunden schließt indes der Photograph plötzlich die Kamera auf einen Augenblick, währenddessen die Geistergestalt zur Seite tritt. Dagegen bleibt das Medium noch einige Sekunden länger sitzen, nachdem der Photograph den Apparat wieder geöffnet hat. Durch dieses Verfahren wird erreicht, daß der Geist durchsichtig erscheint; soll er noch heller erscheinen, so läßt man ihn zuerst einige Sekunden länger vor dem Apparat stehen. Will man aber Geister photographieren, welche nur halb sichtbar sind oder die hinter ihrem Gewande stehende Person nicht erkennen lassen, so braucht man nur die Aufnahme bei einer Beleuchtung mit Magnesiumdraht vorzunehmen und den Geist von einer Seite kurz zu beleuchten; doch hat man hierbei zu beachten, daß das Licht nicht in die Kamera zurückfällt.

(aus: Willmann, C.: Moderne Wunder, Leipzig 1897)

Jacoby im Reiche seiner Geister.
(Sogenannte Geister-Photographie.)

(beide Abbildungen aus: Willmann C.: Moderne Wunder, Leipzig 1897)

geisterfotos

Mit dem zunehmenden Wissen der Allgemeinheit um fotografische Manipulationsmöglichkeiten verschwanden solche plumpen Fälschungen wieder.

Im Jahre 1967 allerdings sorgte das Buch *"The World of Ted Serios"* des amerikanischen Parapsychologen und Psychoanalytikers Dr. Jule Eisenbud für großes Aufsehen. Darin wurde ein Mann vorgestellt, der angeblich seine Gedanken auf fotografisches Material projizieren könne. Die Aufnahmen wurden als "Psychofotos" bezeichnet.

Welchen Anklang dies fand, zeigt PROKOP (1987, Seite 130) deutlich auf:

> BENDER (1972): »Nun erlebt die ‹psychische Photographie› ohne spiritistische Interpretation mit Ted Serios eine wissenschaftlich außerordentlich bedeutsame Renaissance.«
> BENDER (1982): »Die Experimentatoren haben sich mit aller Sorgfalt mit dem Verdacht des Betruges auseinandergesetzt.«
> TENHAEFF (1971): »Seitdem Eisenbuds Buch veröffentlicht wurde, kann man sagen, die Möglichkeit, Gedanken zu photographieren, ist bewiesen... Wie sich bei Ted Serios Erinnerungen an ein Schiff, ein Auto, einen Kirchturm, einen Schädel usw. photographieren lassen, muß man auch Erinnerungen an Verstorbene lichtbildnerisch aufnehmen können.«
> STELTER (1973): »Interessant ist in diesem Zusammenhang die von dem amerikanischen Psychoanalytiker Jule Eisenbud exakt dokumentierte Tatsache, daß der Amerikaner Ted Serios in der Lage war, eine gegen Lichteinwirkung abgeschlossene Photoplatte mit einem in seiner Phantasie erzeugten Bilde zu ‹belichten›.«
> EISENBUD (1974): Gedanken- oder Psychofotografie, wie sie par excellence in der Arbeit mit Ted Serios zum Ausdruck kam, könnte uns in konzentrierter Form ein breites Spektrum von Daten über kognitive und kinetische Psi-Funktionen liefern.
> KELLER (1973): »Das Phänomen, so unglaubhaft es auch erscheinen mag, existiert also, darf als echt angesehen werden.«

Serios, der in Chikago als Hotelpage und Gelegenheitsarbeiter tätig war, ließ seine "Gedanken" auf Filme einer auf unendlich eingestellten Polaroidkamera projizieren, vor deren Linse ein kleiner, angeblich leerer Kartonzylinder (Gismo) gehalten wurde. Die entstandenen Fotos waren unscharf, z.T. auf dem Kopf stehend, kreisrund begrenzt.

Diese Tatsachen brachten ebenso die Kritiker auf den Plan wie folgende Merkwürdigkeiten (nach PROKOP):

- Dr. Eisenbud hatte kein großes technisches Wissen von der Fotografie.
- Serios wünschte einen bestimmten Apparate - Typ mit kleiner Blende.
- Serios steckte den Kartonzylinder wiederholt vor oder nach der Aufnahme schnell in die Hosentasche (die er nicht entleerte!).
- In Gegenwart von Tricksachverständigen brachte er keine Psychofotos fertig. Dieser "PSI - Missing - Effekt" ist auch bei anderen Bereichen immer wieder zu finden!
- Bei einer Sitzung kam immer nur das gleiche Bild (zwar fotografisch verzerrt) zum Vorschein.

Schon bevor der amerikanische Zauberkünstler James Randi den "Psychofotografen" anläßlich einer gemeinsamen Fernsehsendung entlarvte, stellte der Direktor des Instituts für gerichtliche Medizin der Humboldt - Universität Berlin, Prof. Dr. Otto Prokop nach der vermuteten Methode selbst "Psychofotos" her:

Die Wahl der Kamera und des Objektivs spielt keine Rolle. Als "Gismo" wird ein Papprohrchen von 41 mm Länge und 18 mm Außendurchmesser verwendet, 3 mm hinter der einen Öffnung ist eine Sammellinse von 30 Dioptrien angeordnet, 3 mm hinter der anderen Öffnung der Ausschnitt eines Dias (z.B. von der Minox - Kleinstkamera). Das Gismo wird mit der Linsenseite zur Kamera gehalten. Ein Bild entsteht auf dem Film dann, wenn das Gismo direkt auf die Frontlinse der Kamera gehalten wird, aber auch dann, wenn ein kurzer Abstand von einigen Millimetern verbleibt. Man kann die Sammellinse des Gismo mit einer Lochblende tarnen, die nur noch eine Öffnung von 2 mm übrig läßt. Bei der Einstellung auf 30 mm und Blende 11 sogar ein scharfes.

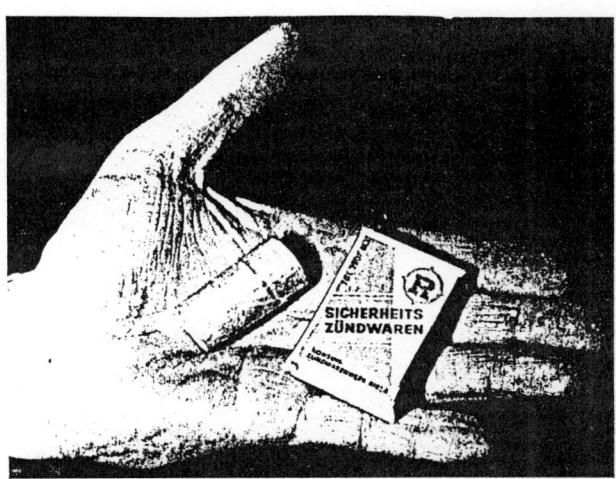

«Gismo»-Papprohrchen zur «Psychofotografie»; zum Vergleich dazu eine Streichholzschachtel. Im Gismo sind eine Sammellinse und ein kleines Dia untergebracht.

Um die Papprohre "leer" zeigen zu können, sind Linse und Dia umklappbar gebaut (siehe Abbildung).
(Abbildung aus: PROKOP, 1987)

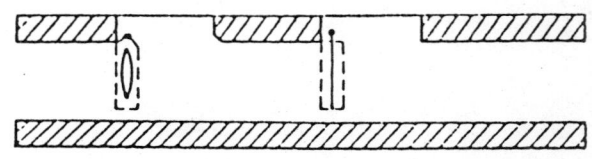

a) Gismo "leer"

b) Gismo "bereit" (um 180 Grad gedreht)

geisterfotos

Die «Psychofotografie» mit dem in Abb. 11 gezeigten «Gismo» bei Einstellung: unendlich. Kamera war das Kleinbildgerät Pentacon Super. Blende 1:11. Bei Einstellung 30 cm erzielten wir *gestochen scharfe* Aufnahmen.

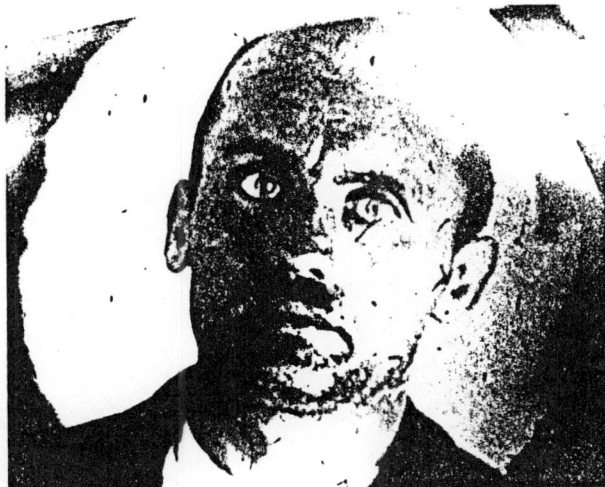

Wirkung der offenen Blende (1:1,4): Das Bild hat Nebenlicht; in unserem Fall ist eine Fensterbank abgebildet, da mit vor die Linse gehaltenem Gismo in Fensternähe fotografiert wurde. Ferner zeigt sich hier der Effekt der Einstellung des Focus: 30 cm! Nun ist auch klar, warum Ted Serios die Einstellung: unendlich verlangte: weil die ‹Psychofotos› sonst zu scharf sind!

(Abbildungen aus: Prokop, 1987)

Nicht nur dieser Traum platzte (gleichwohl wird Ted Serios auch heute noch in der parapsychologischen Literatur als "Medium" mit PSI - Fähigkeiten angeführt!), sondern auch ein Experiment in der neueren Zeit:

Der Jugendliche Steven Shaw vollführt in einem Labor der Washington Universität in St. Louis Wundersames:
Als das "Medium" in Gegenwart des Psychiaters Berthold Schwarz das Labor mit einer Schmalfilmkamera ablichtet, erscheint später auf dem Film geisterhaft der Torso einer Frau: Busen, Brustwarzen und Oberschenkel, alles "deutlich" zu erkennen.
Die Parapsychologen überschlugen sich vor Begeisterung - bis sich herausstellte, daß der junge Mann ein talentierter junger Zauberkünstler war, den James Randi in das wissenschaftliche Institut geschickt hatte, um zu beweisen, daß "Wissenschaftler besonders leicht auszutricksen sind, eben weil sie sich für clever halten."

Wie das Bild zustande kam? In einem unbewachten Augenblick hatte Steven Shaw auf die Kameralinse gespuckt - die zerinnende Spucke ergab das "Geisterbild"! "Psychofotos", die von Prof. Prokop nach der Methode von Ted Serios hergestellt wurden.

aura-fotografie

Kirlian - Fotografie

Aus der Sowjetunion kamen in den sechziger Jahren merkwürdig aussehende Fotografien von Pflanzen, Tieren und menschlichen Körperteilen. Um die auf Fotoplatten aufliegenden Objekten war eine Art Strahlenkranz sichtbar, die als Darstellung der schon oft vermuteten, aber noch nie sichtbar gewordenen "Aura" eines Lebewesens gedeutet wurde.

Man nannte diese Erscheinung "Kirlian - Effekt" nach einem russischen Elektriker, der zufällig eine neue Aufnahmemethode mit elektrischen Hochfrequenzfeldern entdeckt haben soll.

Im Prinzip handelt es sich darum, hochfrequente (15 bis 200 Kilohertz) und hochgespannte (1 bis 60 Kilovolt) elektrische Ladungen zu erzeugen und auf ein Objekt zu leiten, das auf einem Film oder einer Fotoplatte aufliegt. Die Entladung kann auch gefilmt oder mit Fotovervielfachern integral gemessen werden.

Die dabei oft faszinierenden Farben rühren daher, daß der Film von verschiedenen Seiten her belichtet wird: UV - Licht, das den Film von vorne trifft, ergibt Blau, von hinten her entstehen Rot, Orange oder Gelb.

Die dahinter steckende vermutete "physische Energie" wurde "Bio - Plasma" genannt.

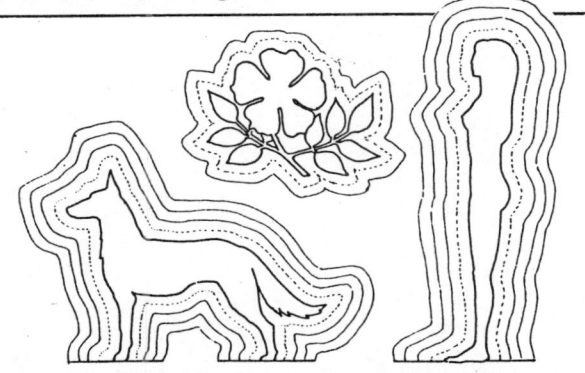

»Aura« umgibt Lebewesen: Seit alters her findet sich bei vielen Kulturvölkern die Auffassung, daß neben dem greif- und sichtbaren physischen menschlichen Körper ein eigenartiges, dem bloßen Auge unsichtbares feinstoffliches Fluidum existiere. Es soll aus mehreren Hüllen bestehen, die den Menschen, wie auch Tiere und Pflanzen, umgeben. Vieles deutet darauf hin, daß es neuerdings gelungen zu sein scheint, jene mysteriöse »Aura« mit besonderen Aufnahmetechniken zu fotografieren.

(Abbildung aus: Keller W.: Was gestern noch als Wunder galt, München 1973)

Mittlerweile hat die Kirlian - Fotografie allerdings sämtliche Geheimnisse verloren, da Mediziner und Physiker die natürlichen Grundlagen darstellen konnten (daß sie dennoch bei einigen parapsychologischen Autoren immer noch als "wahr" weiterspukt, bedarf kaum mehr einer Erwähnung!).

Es gibt inzwischen viele von Wissenschaftlern erstellte Kirlian - Fotos, die zeigen, daß man mit Hilfe der Hochfrequenzfotografie auch bei Leichenteilen eine "Aura" darstellen kann, wenn man nur entsprechende Voraussetzungen schafft. Prokop stellte selbst bei einer jahrelang in der Sammlung des gerichtsmedizinischen Instituts lagernden, mumifizierten Affenhand eine Entladungskorona her!

Die unterschiedliche Strahlungsbreite ergibt sich durch den verschiedenen Auflagedruck oder die Auflagedauer der Objekte.

Mit einer "Lebensausstrahlung" irgendeiner Art hat das Verfahren jedenfalls nichts zu tun.

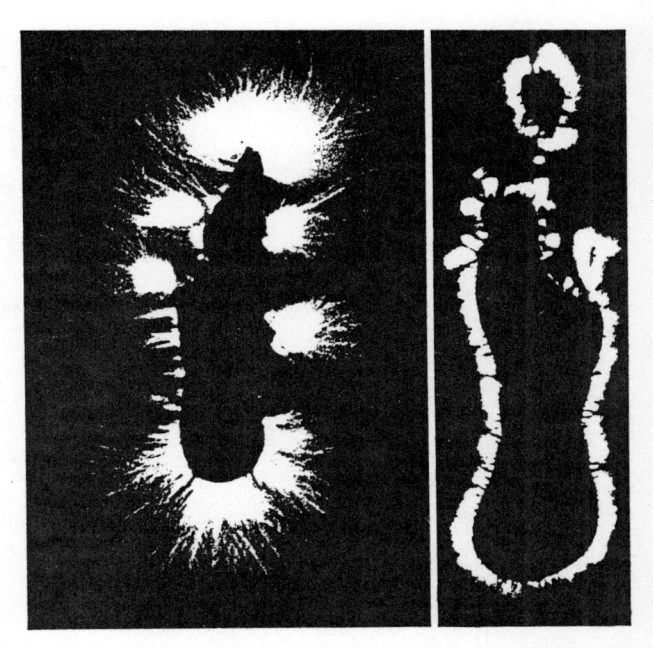

Die angebliche «Lebensausstrahlung» einer menschlichen Zehe, aufgenommen 4 Wochen post mortem von PROKOP, RADAM und STRAUCH. Je nach Belichtungszeit und angewandtem Dielektrikum kann man die Strahlungskorona breiter oder enger gestalten.

Büschelförmige Entladungskorona, hergestellt mittels TESLA-Gerätes von PROKOP, RADAM und STRAUCH an einer menschlichen Zehe (von einer 6 Tage alten Leiche).

(Abbildungen aus: Prokop/Wimmer 1987, Seite 145)

von gabelbiegern ...

"UND SIE BEWEGT SICH DOCH!"
(die Gabel nämlich)

ODER
"URI, URI..." und kein Ende!

TELEKINESE ist hier das Schlagwort. Wenn sich Gegenstände verformen oder bewegen, ohne daß eine auf sie einwirkende physikalische Kraft erkennbar ist, wird für viele Menschen die Annahme von "übersinnlichen Fähigkeiten" naheliegen.

Paradebeispiel dafür ist der Israeli **Uri Geller**, der in den siebziger Jahren die ganze Welt verrückt machte, weil er medienwirksam
- Nägel, Gabeln und Schlüssel verbog,
- Ringe zerbrach,
- Kompaßnadeln bewegte,
- Zeiger einer Waage verbog,
- Streichhölzer über eine Glasplatte gleiten ließ,
- Geschriebenes mit verbundenen Augen "sah",
- Würfelzahlen erriet,
- Radieschensamen zum Keimen brachte,
- kaputte Uhren wieder zum Laufen brachte,

und vieles mehr.

Ganze Fernsehnationen spielten verrückt, wenn er auftrat. Viele namhafte Persönlichkeiten zeigten sich beeindruckt und attestierten ihm übernatürliche Kräfte.

Selbst als bekannte Trickexperten wie James Randi und Werner Geissler-Werry seine Tricks enthüllten, die gleichen Effekte vormachten, wurde seine Anhängerschar kaum kleiner. Immer wieder wurde er von den Medien hochgejubelt und zahllose Zuschauer schworen, daß sich bei ihnen daheim wirklich Gabeln in der Schublade verbogen oder kaputte Uhren wieder liefen.

Uri Geller ist ein klassisches Beispiel dafür, wie selbst handfeste Beweise bei den "Gläubigen" nicht zur Kenntnis genommen werden. Die Reichtümer, die der clevere Showman sammelte, hätte er mit Sicherheit mit seinem ursprünglichen Beruf nicht sammeln können: Er war früher ein "ganz normaler Zauberkünstler".

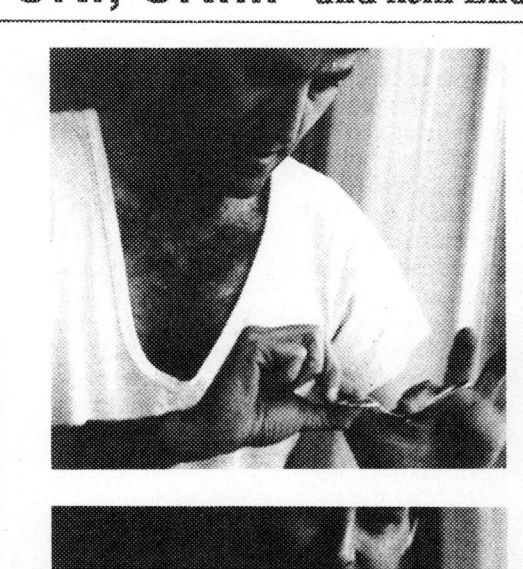

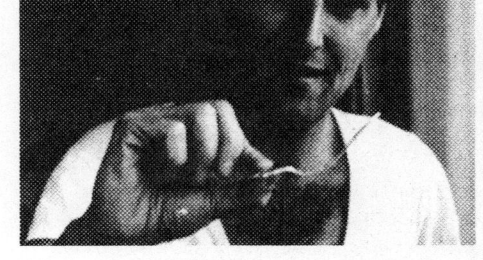

Abb. aus: ESOTERA 2/87

Psi-Star Uri Geller

Zunge gelöst

Nach wie vor sorgt der israelische Sensitive *Uri Geller* für Schlagzeilen. Nun heißt es, er habe einem fünfjährigen Jungen, der noch nie gesprochen hatte, die Zunge gelöst. Kürzlich war Geller in einem Hubschrauber 600 Meter hoch über Nordengland aufgestiegen und hatte zuvor Millionen von Menschen aufgefordert, sich zu einem bestimmten Zeitpunkt ganz fest auf ihn zu konzentrieren. Dabei soll im Hause der Familie *Fewdder* folgendes passiert sein: Die 40jährige *Jennifer* beschäftigte sich mit ihren Söhnen *Clifford* und *Vincent*. Plötzlich, so berichtete die Mutter, habe sie einen Knall gehört, woraufhin die Vorhänge an den Fenstern von selbst zugefallen seien. Im selben Augenblick habe der fünfjährige Clifford angefangen zu sprechen. Worte wie „Keks", „Käse" oder „Schmetterling" seien aus dem Mund des bisher stummen Jungen regelrecht hervorgesprudelt.

ESOTERA, 11.87

von gabelbiegern ...

Uri Geller verbiegt ganz Deutschland — Bild, Hamburg

Die massenpsychotische Wirkung macht ein Experiment deutlich, das Oskar Rombar (früher Berufsillusionist, dann Produktionsleiter beim Fernsehen Hamburg) in der Fachzeitschrift "Magische" Welt (3/87) schilderte:

"Nach Absprache mit der Fernsehredaktion lief die Sendung folgendermaßen ab:

Zu Beginn stellt der Moderator einen Mann vor und behauptet von ihm, daß er die gleichen Fähigkeiten wie Uri Geller besitze. Das Medium wird kurz eingeblendet. Es schaut - ohne irgendwelche Effekte zu zeigen - einfach in die Kamera. Der Moderator bittet die Zuschauer, darauf zu achten, was im Laufe der Sendung in drei Meter Umkreis des Fernsehgerätes passiert, und bei außergewöhnlichen Beobachtungen das Studio anzurufen.

Plötzlich bricht die Hölle los, sämtliche Leitungen sind blockiert.

Eine Frau aus Celle meldet eine verbogene Gabel, aus Kiel kommt die Nachricht, daß die Katze starr die Zimmerdecke fixiert, in Stade hat sich ein Klavier bewegt, in Hamburg ist eine Tischantenne verbogen, in Osterholz kommen die Flügel einer Windmühle aus Porzellan in Bewegung. 42 Anrufe in nur 18 Minuten berichten nicht nur von plötzlichen Nierenschmerzen (!), sondern von kaputten Uhren, die wieder ticken. Ein Zuschauer erzählt von seinen verwelkten Blumen.

Am Schluß der Sendung die ernüchternde Aufklärung. Der Moderator ermahnt die Zuschauer, mit angeblich paranormalen Phänomenen künftig kritischer umzugehen, denn die vorgestellte Person sei kein Wundermann, sondern ein Schauspieler; Günther Dockerill, der sich in seinem Leben nie mit PSI beschäftigt hat. Dockerill nimmt seine Brille ab, befreit sich von dem angeklebten Bart und lächelt. Darauf klingelt das Telefon, der Mann mit den Blumen meldet sich wieder; Ihm wäre es egal, wer das Medium sei, die Blumen wären doch verwelkt!"

Wie sagte doch Konrad Lorenz? "Der Mensch ist..."
(s.S. 2)

Sie wollen wissen, <u>wie</u> Geller die Gabeln verbog und die "Gedanken" las?

Sicherlich haben Sie schon vom Ehrenkodex der Zauberkünstler gehört, wonach Trickgeheimnisse nicht verraten werden! Nur - solange eine Erscheinung mit dem gleichen Effekt auf natürliche Art und Weise von Zauberkünstlern vorgemacht werden kann, gibt es keinen Grund, übernatürliche Mächte ins Spiel zu bringen!

Geller's Manager packte allerdings ohne Rücksichten aus (siehe den entsprechenden SPIEGEL - Artikel).

Grundsätzlich gibt es mehrere Methoden, metallische Gegenstände zu verbiegen und dann so zu tun als ob...: Die Gabeln waren schon vorher verbogen, chemische Hilfsmittel wurden eingesetzt, die Gabeln werden erst (unter Einsatz von Ablenkung) verbogen.

Jeder Uhrmacher wird Ihnen auch bestätigen und erklären, daß und warum Uhren auf einmal wieder laufen können, wenn man sie nach Monaten aus einer Schublade holt.

Auch andere Medien wurden als Betrüger entlarvt, obwohl sie monatelang ganze Scharen von Wissenschaftlern zum Narren hielten.

Die Parade - Psychokinetikerin **Kulagina** hatte z.B. starke Magnete in einem reinweiblichen Kleidungsstück verborgen. Wundert es Sie, daß sich eine Kompaßnadel bewegte, wenn sie sich darüberbeugte?

- Abb. aus: ESOTERA, 4/86

Wußten Sie auch, daß Uri Geller für die Friedensinitiative von M. Gorbatschow verantwortlich war? - Nein?
- Er behauptet es aber (Kraft seiner telepathischen Fähigkeiten)!

Nähere Informationen über die Tricks der Medien und ihre Entlarvung finden Sie bei: Prokop/Wimmer, 1987.

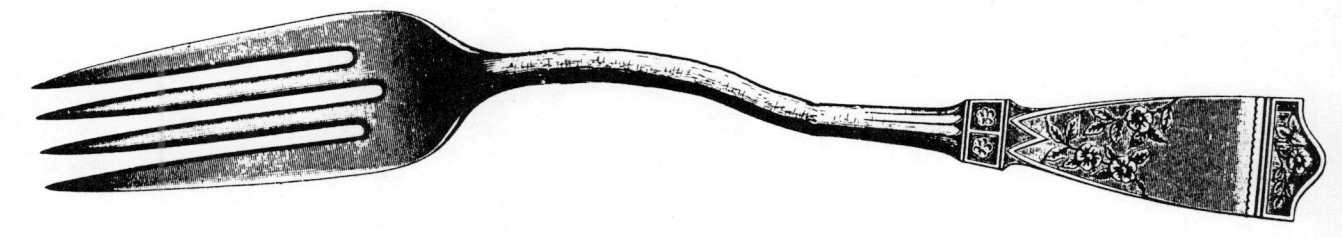

von gabelbiegern ...

Bombe im Parkett

Der israelische Löffelbieger Uri Geller, angeblich mit übersinnlichen Fähigkeiten begabt, wurde nachträglich entlarvt: Sein ehemaliger Manager Jascha Katz packte aus.

Nicht nur „Bild" („... verbiegt ganz Deutschland") und Burdas „Bunte" („... stoppt sogar Ozeanriesen"), auch Katharina Focke und das Reporter-Team vom „Stern" glaubten an die übersinnlichen Fähigkeiten des Löffelbiegers Uri Geller.

Auf die Schliche kamen ihm damals schon, 1974, die Angehörigen jener Zunft, zu der sich der schwarzhaarige Israeli mit dem stechenden Blick in der Zeit vor seinem „Para"-Trip selbst bekannt hatte: die berufsmäßigen Magier, allen voran der britische Zauber- und Entfesselungskünstler James („The Amazing") Randi. Reihenweise hatte er Gellers angebliche „Psi"-Taten als fingerfertige Zaubertricks durchschaut und nachgeahmt.

Speziell die Löffel- und Gabeltricks ließen sich aufklären: Geller hatte, als geschulter Magier, die Aufmerksamkeit der Beobachter geschickt abgelenkt und das Metall blitzschnell mit brutaler Kraft gebogen, oder er hatte Gelegenheit gefunden, die Bestecke vorher chemisch zu präparieren, und die Sollbruchstellen unauffällig bedeckt gehalten.

Ein Kronzeuge dafür, daß es bei Uri-Shows stets handfest und ganz ohne „Psi" herging, trat jetzt im italienischen Fernsehen auf: Interviewt von Randi, erzählte Jascha Katz, langjähriger Manager und Reisebegleiter Uri Gellers, mit welchen oft simplen Tricks der „Löffelschreck" (Wiener „Kurier") und „Gedankenleser" Übernatürliches vorgegaukelt hatte.

In einer der jüngsten Ausgaben der britischen Wissenschaftszeitschrift „New Scientist" wurden die Geständnisse des Geller-Managers referiert. Danach war es eine Sammlung von geradezu klassischen Varieté-Tricks, mit denen Geller, als „Cassius Clay der Telepathie" („Hamburger Abendblatt"), immer wieder agierte.

Bei allen größeren Shows fungierten Katz und ein Geller-Assistent namens Schipi Schtrang als Helfer. Mal mußte sich Katz am Eingang des Theaters aufstellen und dem Meister kurz vor Beginn der Vorstellung Details übermitteln, die er über bestimmte Zuschauer, beispielsweise über deren Tascheninhalt, Autotyp und Autonummer, ausgespäht hatte.

Dann wieder, so bei einem Interview mit dem Reporter des französischen Nachrichtenmagazins „L'Express", schleuderte Gellers Manager verabredungsgemäß (und von allen Anwesenden unbemerkt) einen Löffel gegen die Zimmerdecke — gläubig bestaunt als gelungenes Beispiel für geheimnisvolle „Teleportation" („L'Express": „Ein Wunder").

In einem Londoner Hotel, so berichtete Katz, habe Geller einen Verleger mit einem simplen Telephon-Trick überlistet. Geller verließ das Zimmer, hörte aber über einen nicht aufgelegten Telephonhörer heimlich mit, wie der zurückgebliebene Katz dem Besucher im Gespräch einige persönliche Details entlockte. Geller konnte dann wenig später, angeblich dank seiner telepathischen Fähigkeiten, den Gesprächsinhalt wiedergeben.

Aber manchmal mußte Katz auch direkt das Rätsel lösen helfen — so einmal bei Fernsehaufnahmen in San Francisco. Während Geller die Aufmerksamkeit der Umstehenden in eine andere Studio-Ecke lenkte, mußte Katz blitzschnell den Umschlag öffnen, der die nachher zu entziffernde Botschaft barg. Als die Sendung lief, war es für Geller dann ein leichtes, unter Aufbietung all seiner „Psi"-Kräfte den Inhalt des Kuverts zu erahnen.

Magier-Kollegen, die mit geschultem Auge seine Tricks hätten durchschauen können, mied Geller bei seinen Vorführungen wie die Pest. Auch dafür schildert Katz ein Beispiel.

Ein Geller-Auftritt im Februar 1974, zu dem 1500 Menschen in die Stadthalle von Birmingham gekommen waren, wurde in letzter Minute abgesagt — angeblich weil der Meister „eine Attentatsdrohung" erhalten habe.

Doch die Bombe im Parkett, so enthüllt nun Katz, war damals frei erfunden. Uris Angst vor dem Auftritt hatte einen anderen Grund: In seiner Garderobe war ihm gemeldet worden, daß die erste Reihe im Saal mit berufsmäßigen Magiern besetzt sei. ◆

Der Spiegel, 18/87

„Geller war hier" — Daily Mirror

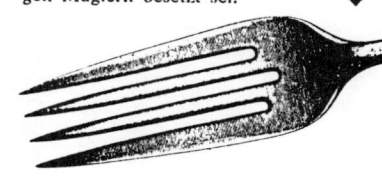

FRAGEN AN

URI GELLER, 41. Als Löffelbieger wurde der Israeli weltberühmt. Dann bot er seine angeblich übersinnlichen Kräfte als Ölsucher internationalen Konzernen an. Nun meldet sich Geller von seinem Landsitz bei London als Kosmetikhersteller.

SPIEGEL: Wollen Sie jetzt zur Abwechslung mal Nasen geradebiegen?

GELLER: Das kann nur der Schönheitschirurg. Aber meine Mittel revitalisieren die Haut.

SPIEGEL: Mit Hilfe Ihrer übersinnlichen Kräfte?

GELLER: Mit Oxygen. Das ist sehr wichtig, denn die Haut atmet.

SPIEGEL: Aber Oxygen ist schlicht Sauerstoff.

GELLER: Wir haben eine geheime Substanz erfunden, mit deren Hilfe stabilisiertes Oxygen einer Creme beigemischt werden kann.

SPIEGEL: Und die Luftcreme ist nun Ihr Hit, der Schlaffes strafft?

GELLER: Uri Geller Cosmetics wird auch ein einmaliges Parfüm auf den Markt bringen. Jede Flasche enthält ein Kristall.

SPIEGEL: Nährt Psi nicht mehr seinen Mann, oder warum gehen Sie in die Kosmetikbranche?

GELLER: Weil ich ein kreativer Mensch bin. Ich bin Maler, Designer, habe etliche Erfindungen gemacht. Jetzt werde ich als Modeschöpfer Modelle herausbringen, die es noch nie gegeben hat.

SPIEGEL: Bleibt denn da noch Zeit, Löffel zu verbiegen?

GELLER: O ja, aber nur auf Wohltätigkeitsveranstaltungen. Auf dem geraden Weg kann ich viel mehr Geld verdienen.

Der Fadentrick des «Mediums» S. Tomczyk. Aus: V. SCHRENCK-NOTZING, Physikalische Phänomene des Mediumismus. Beispiel für okkultistische Falschinformation: Das erste Foto (oben) ist bei BENDER (1971) und KELLER als Beleg für «Psychokinese» reproduziert, die entlarvende Vergrößerung (unten) jedoch weggelassen.

Abb. aus: Prokop/Wimmer

... und hellsehern

"Vom Wahrsagen läßt sich wohl leben, aber nicht vom Wahrheit sagen!"

(Georg C. Lichtenberg, 1742 - 1799)

Orakel des Apollo in Delphi

In keinem anderen okkulten Bereich ist die Schar der prominenten entlarvten Betrüger wohl so groß wie bei den Hellsehern und Wahrsagern.

Die Folge daraus? - Wahrsager und Hellseher vielfältiger Art haben heute wieder Hochkonjunktur, wie ein Blick in die Anzeigenspalten der Tageszeitungen und der Zeitschriften, wie zahlreiche Illustriertenberichte gerade der letzten Zeit zeigen.

Sie verstehen das nicht? - Ich auch nicht!

Dem "gebildeten" Menschen kommt sofort bei diesem Thema die berühmte **PYTHIA** des antiken Delphi in den Sinn, die mit ihren berüchtigten, vagen Sprüchen mehr Verwirrungen als Klarheit schaffte.

Geradezu klassisch in seiner Doppeldeutigkeit ist ihr Spruch für den König Kroisos, der wissen wollte, ob er Krieg gegen die Perser führen solle. "Du wirst ein großes Reich zerstören!" war die Antwort. Was ja dann auch stimmte (nämlich sein eigenes!).

Die Tricks der antiken Seher waren dabei schon damals die gleichen wie die, mit denen ihre Nachfahren in der Neuzeit arbeiteten: Vieldeutigkeit, Menschenkenntnis, Aushorchen, gute Nachrichtensysteme, eingeweihte Helfer.

Daß das Hellsehen / Wahrsagen in einer entsprechenden Atmosphäre stattfand, ist eigentlich ebenfalls bekannt. Auch die wundersamen Hilfsmittel, die zu einem Blick in die Vergangenheit oder Zukunft des Kunden verwendet wurden und werden, sind vielfältig: Eingeweide von frisch geschlachteten Tieren, der Vogelzug, geworfene Knochen oder Steinchen, Kaffeesatz, Würfel, Karten, Kristallkugeln, Handlinien, Schriftzüge...

Berühmte Hellseher:

Nostradamus
Seine dunklen Sprüche müssen auch heute noch für viele Ereignisse herhalten, wobei die Interpretationskünste seiner Anhänger oftmals bewundernswert sind.

Emanuel Swedenborg (1688 - 1772)
Er "sah" z.B. in Göteburg einen gleichzeitig in Stockholm wütenden Großbrand. Ein Ereignis, über das Kant skeptisch berichtete. Letzterer hätte sich wahrscheinlich nicht träumen lassen, daß er damit zu einem Kronzeugen der PSI - Gläubigen werden würde. Unterschlagen wird von diesen sein Satz: "Ich bin es müde, die wilden Hirngespinste des ärgsten Schwärmers unter allen zu kopieren."

Heute ist unstritten, daß Swedenborg an Schizophrenie erkrankt war.

Erik Jan Hanussen (1899 - 1933)
Der "Fürst der Hellseher" und "Rasputin von Berlin" sammelte mit seiner "Kunst" riesige Reichtümer, bis er 1933 von der SA erschossen wurde (wahrscheinlich, weil er vom geplanten Reichstagsbrand Kenntnis erhielt und den Mund nicht halten konnte). Daß auch er mit Tricks arbeitete, wurde durch die Eidesstattliche Versicherung seines Sekretärs Erich Juhn deutlich (siehe Anlage).

Gerard Croiset (1909 - 1980)
Dieser holländische Hellseher machte medienwirksam immer wieder Werbung mit seinen angeblichen Hilfsaktionen im kriminalistischen Bereich (wovon die Polizei aber typischerweise nichts wußte!). Seine Arbeitsweise wird durch den in der Anlage abgedruckten Brief an Prof. Prokop deutlich.

... und hellsehern

Frau Buchela
Zu ihren prominenten Kunden gehörten Ministerpräsidenten, Wirtschaftsmanager, Pressezaren, Nobelpreisträger und viele andere (nach BOGEN, 1982). Vor allem hier wird z.B. deutlich, daß "Treffer" in Vorhersagen hochgejubelt, Fehlschläge aber unter den Tisch fallengelassen werden.

Die "Seherin von Bonn" sagte 1979 voraus (zit. nach ALLAN):

"Für den Schah und seine Familie ist das Schlimmste vorbei. Der andere, der jetzt das Land mit Blut und Schrecken regiert, dieser Ayatollah Khomeini wird bald sterben. Nach seinem Tod wird Beruhigung in das schwergeprüfte Land kommen. Dann kehrt der Schah zurück. - Das was ich sehe, trifft immer zu."

Hier hat sie sich wohl nicht an ein ehernes Gesetz der Hellseher gehalten, nämlich keine konkreten, eindeutig nachprüfbaren Vorhersagen zu machen. Oder hat sie nur damit gerechnet, daß Fehlprognosen vergessen werden? Meist klappt das ja!

Jean Dixon
Das Gegenstück zu Frau Buchela in Washington, die wohl bekannteste Seherin der Gegenwart. Einige ihrer Prophezeiungen (nach ALLAN):
- *"Im Jahre 1958 wird Rotchina einen Weltkrieg auslösen."*
- *"Im Jahre 1964 wird die Berliner Mauer fallen."*
- *"Um 1980 wird erstmals eine Frau Präsidentin der USA"* usw.

Im Bereich der Wahrsagerei und Hellseherei wird oftmals mit Tricks gearbeitet, von denen sich der Laie keine Vorstellung macht. Der Verfasser führte z.B. mehrmals mit Rechtsanwälten, Zeitungs- und Fernsehredakteuren die "Schlagzeilenvorhersage" über mehrere Wochen hinweg durch, wobei "eigentlich kein Trick möglich" sein kann. Auch Zauberkünstler können oft auf Anhieb keine Lösung erkennen.

Carl Willmann gab in seinem schon historischen Buch "Moderne Wunder" bereits 1897 ein gutes Beispiel:

> Insbesondere gibt es durch lebhafte Vorstellungen unbewußt verursachte unwillkürliche Bewegungen, und diese sind es, welche das Gedankenlesen ermöglichen. Preyer versichert auf Grund zahlreicher mit sich selbst und andern vorgenommener Versuche, daß lediglich die Wahrnehmung solcher unwillkürlichen Muskelbewegungen den Gedankenleser leitet.
>
> Diesem werden die Augen verbunden, und er soll den, welcher eine einzige ganz bestimmte Vorstellung zum ausschließlichen Gegenstand seiner auf den höchsten Grad angespannten Aufmerksamkeit macht, dahin führen, wo das gedachte Objekt sich befindet, und es ergreifen. Worauf es hierbei vor allem ankommt, das ist eine Berührung an einem beweglichen Körperteil, sowie eine sehr große Konzentration der Aufmerksamkeit des nicht Sehenden. Er muß nämlich an gar nichts andres als an das Fehlen und Auftreten unwillkürlicher Muskelbewegungen denken. Diese werden, auch wenn sie ganz schwach sind, von empfindlichen Individuen leicht wahrgenommen. Solche in vielen Fällen durchaus nicht schwache, sondern deutlich zuckende Bewegungen der Hand und des ganzen Unterarmes treten bei Unbefangenen sehr leicht ein, wenn sie an die Stelle kommen, wo der ihre Vorstellungsthätigkeit durchaus erfüllende Gegenstand sich befindet. Preyer behauptet, daß die Muskelbewegung des „Geführten" vom Gedankenleser, wenn dieser falsch gehe, deutlich als Hemmung oder wenn er richtig gehe, als Begünstigung der „Führung" empfunden werde, so daß in Wahrheit der Gedankenleser der Geführte ist. Die sichere Unterscheidung dieser oft sehr feinen Nüancen kann ebenso wie die dann und wann auftretende flüchtige Zunahme und Abnahme der Pulsfrequenz während der „Suche" ohne Zweifel durch Übung erlernt werden.
>
> Der „Gedankenleser" muß, ohne bewußtlos zu sein, sich wie ein Hypnotisierter verhalten können, in welchem das eigne Urteil aufgehoben ist und die leiseste Berührung genügt, eine Hebung oder Senkung des Armes, Gehen oder Umdrehen und dergl. zu veranlassen. Wer diese Eigenschaften besitzt, dem gelingt es ohne Vorübung, ganz verblüffende Aufgaben zu lösen.

... und hellsehern

THESENARTIG LÄSST SICH ZUSAMMENFASSEN:

. Wahrsager sind meist gute Menschenkenner und scharfe Beobachter. Sie wissen genau, warum welche Menschen zu ihnen kommen und was sie hören wollen. Einige vage Voraussagen in Richtung der Hoffnungen ihrer Kunden stellen diese meist rasch zufrieden.

2. Einige Ereignisse können einfach erraten werden. Die Prophezeiungen sind meist so allgemein und unverbindlich, daß die Trefferwahrscheinlichkeit relativ hoch ist. Je vager die Voraussage, desto eher erfüllt sie sich.

3. Einige Voraussagen erfüllen sich zumindest teilweise, gleichgültig, wie die Sache ausgeht.

4. Die Voraussagen sind häufig zweideutig, so daß nötigenfalls auch das Eintreffen des Gegenteils als Treffer interpretiert werden kann.

5. Die wenigen Treffer werden besonders hervorgehoben und als Beweis für echte PSI - Fähigkeit hingestellt, während die weitaus zahlreicheren negativen Fälle unter den Tisch gekehrt werden.

6. Viele Ereignisse (z.B. politische oder wirtschaftliche) lassen sich auf der Basis guten Wissens über die augenblickliche Situation und durch die Einschätzung der wahrscheinlichsten künftigen Tendenzen vorhersagen.

7. Manche Prophezeiungen erfüllen sich durch Selbstverwirklichung (self-fullfilling prophecy).

8. Bei Toto, Lotto und im Spielcasino bleibt PSI fort.

9. Simultanes Hellsehen, Wahrträume: Menschen, die Angst um einen lieben anderen Menschen haben, können ein Unglück, das diesen betrifft, plötzlich vor Augen haben, weil sich die Phantasie dauernd damit beschäftigt. Im Nachhinein wird dann oft (unbewußt) verfälscht.

Weissagen am Telefon
Ulm (07 31) 6 24 09
Bei bedrängenden Problemen und Schicksalsfragen erhalten Sie per Telefon sofort SEHERISCHEN RAT und MAGISCHE HILFE.
Persönliche Termine nach Vereinbarung.
Täglich 9–13 und 15–18 Uhr (außer Samstag und Sonntag)
7900 Ulm

Magier — Hellseher — Stuttgart
Problemlösung – Partnerzusammenführung und Trennung durch Magie sowie Hilfe in allen Lebenslagen. International bekannt durch Presse und Rundfunk.
7000 Stuttgart 1 (Botnang)

Lousi Al-Alousi
Weltbekannter Magier/Hellseher aus dem Orient/Bagdad – Berater vieler Scheichs, Prinzen und Königsfamilien – sieht Vergangenheit, Gegenwart, Zukunft. Problemlösung – Partnerzusammenführung.
Lousi Al-Alousi deutet Ihnen Ihr gesamtes Leben, Vergangenheit, Gegenwart, Zukunft und was das Schicksal für Sie verborgen hält. Ebenso Ihre persönlichen Lottozahlen. Außerdem bekommen Sie einen Talisman, der Glück in der Liebe, Geld und Gesundheit bringt.
Senden Sie Ihren Namen, Geburtsdatum, ein Foto und DM 100 sowie Ihre Adresse an: **Lousi Al-Alousi**,
Sie erhalten umgehend ausführlich Rückantwort.

Unterrichtspraktische Hinweise:

Dieser Bereich des Okkultismus eignet sich zur unterrichtlichen Vertiefung besonders, da hier Eigentätigkeit der Schüler möglich und notwendig ist.
In der Anlage wird Material zur Weiterarbeit angeboten, z.B. Arbeitsblätter. Diese sollen aber nicht die "originalen" Möglichkeiten ersetzen, die sich den Schülern anbieten:
- eigenes Durchforsten von Zeitungen und Zeitschriften
- Befragen von Bekannten / Verwandten nach Besuchen bei Wahrsagern (das sind viel mehr, als man annehmen sollte!)
- Einüben und Vorführen von entsprechenden "mentalen "Zauberkunststücken aus Zauberkästen / Zauberbüchern durch Schüler oder Lehrer (z.B. aus HUND W.: Zauberhaftes Lernen, Ottlik - Verlag, Nürnberg 1988 - zu beziehen auch über den Verlag die Schulpraxis)
- Ausgestalten einer Schautafel im Klassenzimmer unter verschiedenen Aspekten (z.B. historisch,...)
- Erstellen von Schülerreferaten über einzelne, gut dokumentierte Hellseh - Affären (Hanussen, Croiset) oder Entlarver (z.B. Gubisch, in: BOGEN H.-J.: Magie ohne Illusionen, Freiburg 1982; vergriffen, aber über Bibliotheken zu besorgen)

Kartenseherin Bonn
Deutschlands bekannte und erfolgreiche
Seherin – Handlesen – Astrologie
50 Jahre Erfahrung. Sprechstunde nach telef. Anmeldung. – Auch schriftl. Ausarbeitung nach Bild u. Geb.-Datum DM 150,–

Eingeweihte der „Hohen Magie"
Magierin – Hellseherin hilft in allen Lebensbereichen, auch bei Lernproblemen – Konzentrationsschwierigkeiten. Kartenlegen, Pendel. Gesundheitsprobleme, Geistheilung
Bitte Foto, alle pers. Daten und 80 DM

KARTENLEGEN PER TELEFON
Partnerzusammenführung, Problemlösung
Fragen Sie Frau Christine
Term. Anmeldung Mo–Do 14–18 Uhr
Telefon

Kräfte seit Generationen vererbt
Die bekannte ungarische **Hellseherin, Zigeunerwahrsagerin, Magierin Katalin** hilft Ihnen
Telefon

HELLSEHER (drittes Auge)
Voraussagen, weiße Magie, Partnerzusammenführung und Trennung. Jenseitskontakte, Astrologie, 100% Diskretion, 30 Jahre Berufserfahrung. Termin oder schriftlich
Fernschule für PSI und Grenzwissenschaft

Wahrsagerin Clarissa
bekannt d. Presse, Funk und Fernsehen.
Medial. TAROT. Handlinien.

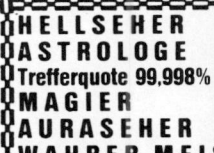

... und hellsehern

HELLSEHER ASTROLOGE
Trefferquote 99,998%
MAGIER AURASEHER WAHRER MEISTER
(Es gibt nur wenige in der Welt) 
Partnerzusammenführung und **Trennung durch Magie. Magische Soforthilfe** i. a. Lebensbereichen: Liebe, Ehe, Beruf, Seele. Übersenden geistiger Kraft. **Wesenheitenamulette** d. Schutzgeistbannung. **Talismane** jeder Art. **Fernkurse** in Magie, Astrologie, Hellsehen, Astralw., Pendeln usw. 12 Fachbereiche d. Esoterik. **100% Erfolgsgarantie.**
Schule für Magie und Grenzwissenschaften

Magier – Hellseher – Astrologe
Voraussagen, Partnerzusammenführung und -trennung. Weiße Magie, Astrologie, Jenseitskontakte, Reinkarnationsbestimmungen usw. 25 Jahre Berufserfahrung, 100% Diskretion. Termin oder schriftlich

nach 18.30 Uhr
Fernschule für PSI und Grenzwissenschaft

ASTROLOGE BERATER
Langjährige Erfahrung, weiße Magie, Voraussagen, Partnerzusammenführung, Talismane, Amulette, 100% Diskretion
Termin oder schriftlich

Fernschule für PSI und Grenzwissenschaft

Hellseher mit dem 2. Gesicht
gibt Hilfen d. Zukunftsprogn., erkennt frühz. Krankh., findet vermißte Personen, führt getrennte Partner zusammen, Eheprobleme, Betriebsprogn., Schutzamulette. Neu: Mein astrologisches Institut für Lebensführung erstellt für Sie individuelle Horoskope u. gibt Vorhersagen für wichtige Lebensfragen wie Privatleben u. Beruf. Bitte angeben: Geburtsdatum, Ort u. Stunde. Vorauszahlung (Scheck) DM 90,– oder per Nachnahme.

Madame G

blickt in Ihre Zukunft
Klärung und Hilfe in allen Lebenslagen, Ereignisse mit Tagesangaben, Rat, Hilfe, Gewinn, ausführlich, genau, DM 490,–
Schreiben Sie vertrauensvoll und fordern **kostenlose Information**

„Erfolg im Beruf – aber du bist viel zu eifersüchtig!"

Einmal einen Blick in die Zukunft tun – das möchten viele Menschen. Kartenleger und Wahrsager machen dabei gute Geschäfte. Auch Angie (15) war gespannt, was ihr die Zukunft bringen würde und war Feuer und Flamme, als BRAVO sie bat, mit zur Hellseherin Elisabeth Kroll-Hermkes zu kommen.

Angie geht noch zur Schule, überlegt sich aber schon intensiv, was sie einmal werden soll: Angestellte bei der Post, Köchin oder Rechtsanwaltsgehilfin.

Außerdem ist sie seit längerem fest befreundet mit einem Jungen, hat aber zur Zeit ein paar Probleme. Vor allem ist sie sehr eifersüchtig. Zu Recht? Oder wird die Beziehung halten? Und wie sieht's beruflich aus?

Frau Kroll beantwortete Angies Fragen ganz exakt, und am Ende des Besuchs war das Mädchen schwer beeindruckt: „Das ist ja unglaublich, was sie alles weiß!"

„Du bist sehr eifersüchtig! Und zwar auf ein dunkelhaariges Mädchen", hat nämlich Frau Kroll Angie gleich zu Beginn der Sitzung gesagt. „Aber das ist Quatsch, dein Freund liebt dich sehr. Er ist nur zur Zeit ein bißchen deprimiert, ich sehe Sorgen in der Schule oder im Beruf. Und außerdem wird er ziemlich umschwärmt von anderen Mädchen – das ist natürlich eine gewisse Gefahr. Aber auch wenn er mal „nachgibt" – er wird zu dir zurückkommen, weil er dich aufrichtig liebt.

Ich sehe, daß diese Freundschaft sogar etwas Ernstes ist, sie wird lange Jahre halten. Er wird dich sogar heiraten. Du heiratest bald – so in etwa fünf, sechs Jahren.

Aber dazwischen werdet ihr euch ein paarmal trennen. Es kommt immer wieder zu Streit, und derjenige, der einrenkt, ist immer er. Du machst viel kaputt mit deiner Eifersucht. Er kann das nicht ertragen, zumal er gar kein schlechtes Gewissen hat."

„Was soll ich denn werden?" fragt Angie. „Angestellte, Köchin oder Anwaltsgehilfin?"

Frau Kroll fragt das Orakel. Die Antwort ist erstaunlich: „Angestellte ist das Beste für dich. Da sehe ich beste Aufstiegschancen, du hast sogar großen Erfolg dort. Wenn du dich bei der Post bewirbst, kriegst du den Job – garantiert! Die Karten sagen eindeutig ja.

Köchin kannst du auch werden. Aber du wirst diesen Beruf – wenn du dich dafür entscheidest – irgendwann abbrechen. Ich sehe, daß du etwas anderes wirst. Also warum erst damit anfangen – es hält ja doch nicht.

Nachdenklich zieht Angie von dannen...

Und Anwaltsgehilfin – um Gottes willen!! Ich sehe, daß du dich bei einer Kanzlei bewerben würdest, in der es dir ganz mies ginge. Du wirst rumkommandiert, das Arbeitsklima ist miserabel. Du wirst ganz traurig und depressiv. Mach das bloß nicht! Für dich liegen die Karten da extrem schlecht!"

Angie ist baff: „Und was passiert, wenn ich mich doch dort bewerbe?"

„Du wirst sehen, daß ich recht habe. Du kannst es machen – die Karten raten nur, sie zwingen nicht. Aber wenn du's tust, wirst du sehr unglücklich. Willst du das?"

Natürlich nicht. Sehr nachdenklich zieht Angie von dannen. „Ich bin ja gespannt, ob das stimmt, was Frau Kroll sagt. In zwei Jahren weiß ich mehr...", meint Angie.

Sissi Tränkner

Zukunftsfragen?
Die Antwort durch Kartenlegen. Telefonische Beratung möglich auf Spendenbasis.

Montag–Freitag ab 17 Uhr,
Samstag/Sonntag ab 10 Uhr

Dieter W   Europas bekannter
Hellseher
Anmeldung

ANGST VOR DER ZUKUNFT? Diese Frau sieht mehr!!!

Madame Durand besitzt die hohe Gabe des **Hellsehens** in großer Vollendung. Sie wird Ihnen Ihr gesamtes zukünftiges Leben deuten nach Ihrer Handschrift, Geburtsdaten und Fotos.
Sie wird Ihnen **geeignete Lösungswege** anbieten ... auch in schwierigsten scheinbar ausweglosen Situationen, denn für jedes Problem gibt es eine Lösung!
Wir bieten Ihnen zur ersten Kontaktaufnahme **exakte Vorhersagen** zu den **wichtigen Fragen** aus Ihrem Lebensbereich (Finanzen, Beruf, Ehe, Freundschaft, Gesundheit etc.) für **DM 40,–** (Nur schriftl. Ausarbeitungen).
Fordern Sie unser Wissen und Können heraus und wir helfen Ihnen!
Wir werden Ihr gesamtes zukünftiges Leben deuten und wir sagen Ihnen, was das Schicksal für Sie verborgen hält.
Unsere sonstigen Leistungen umfassen:
12-Monats-Horoskope: **DM 60,–**, Lebens-Horoskope: **DM 100,–**.
Partnerzusammenführung und **Abwehr Schwarzer Magie** laut Anfrage.
Tausende können unsere Hilfe bereits bestätigen –
Stehen Sie nicht abseits.
Wir werden Ihr Vertrauen nicht enttäuschen! –

... und hellsehern

Eidesstattliche Versicherung

»Ich war vom Juni 1927 bis Juli 1929 Impresario und Sekretär des Hermann Steinschneider, der sich Erik Jan Hanussen nennt und sich als Hellseher ausgibt.

Wir kamen auf eine wunderbare Vereinfachung unseres Hellsehschwindels, indem wir in das Programm zwei Pausen einschalteten. Am Ende des ersten Teiles machte Hanussen die Zuschauer auf seine Hellsehproduktion aufmerksam und forderte sie auf, Zettel mit Daten interessanter Ereignisse aus ihrem Leben mir, seinem Sekretär, in den kommenden Pausen abzugeben.

Ich begann auch sofort in der ersten Pause mit dem Einsammeln der Zettel, wobei ich natürlich von den Fragestellern nach der Art des Niederschreibens der Daten befragt wurde. Bei dieser Gelegenheit war es nicht schwer, die Leute nach dem Ereignis selbst auszufragen, was natürlich auf geschickte Art vor sich gehen mußte.

Im allgemeinen ist es außerordentlich leicht, aus den Menschen alles Wünschenswerte herauszubekommen, da sie ja direkt darauf brennen, erzählen zu dürfen. Viele waren natürlich auf der Hut und gaben keinerlei Auskunft. Andere wieder schrieben in naivem Mißverstehen von Hanussens Aufforderung nicht nur Tag, Ort und Stunde, sondern auch genau die Art des Ereignisses nieder, wie z. B.: »Todestag der Mutter. Ist kein Testament vorhanden?«

Wie gewöhnlich bekam ich in der ersten Pause etwa zwanzig Zettel ausgehändigt. Wenn man nun bedenkt, daß wir für das sogenannte Hellsehen nur vier bis fünf Fälle benötigten, so wird man einsehen, daß es nicht schwer war, diese Anzahl zusammenzubekommen. Dann forschte ich fast nie mehr nach anderen Fällen.

Wenn dann der zweite Teil des Abends, der gewöhnlich graphologische Experimente brachte, begann, dann verschwand ich aus dem Saale und schrieb gewöhnlich auf dem Klosett auf ein kleines Zettelchen die mir bekannt gewordenen Hellsehfälle nieder. Zum Beispiel: ›Schmidt, 3. Februar 1924, Essen, Mord an der Schwester, Schuß durch die Lunge. Täter bis heute nicht gefunden.‹ Oder: ›Peter, 2. März 1901, Hamborn, Geburt, Mutter dabei gestorben.‹

Diesen Zettel praktizierte ich dann in die Manteltasche des Hanussen, gewöhnlich in einer Streichholzschachtel versteckt, nachdem ich mich von rückwärts in das Künstlerzimmer geschlichen hatte. Hanussen hatte nun nichts anderes zu tun, als den Inhalt meines Zettels in der zweiten Pause, deren Zweck nunmehr einleuchtet, auswendig zu lernen, und dann beim ›Hellsehen‹ hellseherisch und recht dramatisch die einzelnen Ereignisse zu schildern.

Hanussen hat also während der zweijährigen Mitarbeiterschaft meiner Person bei ihm nicht ein einziges wirkliches Hellseherexperiment ausgeführt oder sogar nur versucht, vielmehr immer nur Trickhellsehen auf Grund meiner Information vorgeführt. Er hat natürlich auch niemals selbst daran geglaubt oder gar mir gegenüber die Echtheit auch nur eines Experimentes behauptet, sich mir gegenüber vielmehr in zynischer Weise geäußert.

Sein Hellsehen in den Sprechstunden war noch viel einfacher. Da ließ er sich von den Leuten erst genau den Fall schildern, ließ sich ein hohes Honorar bezahlen, bestellte den Frager auf später, da er doch Hellsehexperimente machen müsse, und erzählte ihnen später irgend etwas Belangloses, ohne selbstverständlich auch nur den Versuch eines Experimentes zu machen.

Wäre ich in dem Leitmeritzer Prozeß vernommen worden, so hätte das Verfahren wohl anders geendet.« (Gemeint ist hier der Prozeß von 1931 gegen Hanussen wegen fortgesetzten Betruges, in dem er freigesprochen worden ist. Hanussen hatte es verstanden, das Gericht mit Hilfe eines okkultgläubigen Sachverständigen für sich einzunehmen.)

»Berlin, den 21. Dezember 1932   Erich Juhn.

Vorstehende vor mir gezeichnete eigenhändige Unterschrift des Adolf Erich Juhn aus Warnsdorf in der Tschechoslowakei beglaubige ich hiermit.

Berlin, den 21. Dezember 1932.   Siegfried Choziesner, Notar. Nr. 158 des Notariatsregisters 1932.«

«Hanussen I» († 1933).

Neurochirurgische Univ.-Klinik Innsbruck
Vorstand: Prof. Dr. Karl KLOSS

Innsbruck, am 21. 11. 78

Herrn
Prof. Dr. med. Otto PROKOP
Gerichtsmedizinisches Institut
Humboldt Universität

Berlin

Sehr geehrter Herr Kollege!

Anläßlich einer Italienreise habe ich gefunden, daß der «Hellseher» Croiset seine Erinnerungen herausgegeben hat und zwar unter dem Titel «La mia vita». Ich bin nun der Meinung, daß man diesem Herrn nach mehreren Jahrzehnten doch das Handwerk legen sollte und bitte Sie, folgendes zu Ihren Protokollen zu legen.

Im Dezember 1955 ist Herr Ten Haeff mit Herrn Croiset an der Klinik Urban gewesen und hat in der Hauptvorlesung am Mittwoch eine Vorstellung seines Könnens gegeben. Nach der üblichen parapsychologischen Einleitung versenkte sich Herr Croiset in Trance und begann etwa dem Sinn nach zu schreien:

«Lärm, Feuer, Wasser, Kälte, Schmerzen rechts, Todesangst, schließlich Rettung, Wärme, Schmerzen, Unglück». Natürlich war die Vorstellung etwas ausgeschmückt. Daraufhin meldete sich der Patient... geboren am... 1910, aus Innsbruck,..., und begann in lautem Ton sehr aufgeregt zu erzählen, daß es sich um seine eigene Geschichte handle. Er wäre im Weltkrieg mit einem Minenräumboot in die Luft gegangen, nach 24 Stunden gerettet worden und leide nun unter Schmerzen im linken Arm sowie unter einer Lähmung.

Am 14. Januar 1956 habe ich bei dem Patienten einen Rückenmarkstumor vom Typ Ependymom des Halsmarkes entfernt und der Patient ist zumindest seine Schmerzen los geworden. Er hat mir erzählt, daß *der Hellseher Croiset am Nachmittag vor der Abendvorlesung bei ihm gewesen ist, sich seine Geschichte angehört habe, ihm durch «Handauflegen» die Schmerzen genommen hätte und gesagt habe, daß die Schmerzen so lange wegbleiben würden als er den Vorfall verschweige.*

Ich darf Sie bei dieser Gelegenheit bitten, diese Angaben, die ich aus meiner Krankengeschichte jederzeit belegen kann, bei passender Gelegenheit zu verwerten.

Mit kollegialen Grüßen
Ihr
gez. Prof. Dr. Karl KLOSS

aus: Prokop/Wimmer 1987

... und hellsehern

Hellsehen mit der Kristallkugel

Ohne Zweifel hat das Hellsehen mit der Kristallkugel zu einigen sehr bemerkenswerten Ergebnissen geführt. Zumindest ein schwieriger Kriminalfall wurde durch einen Hellseher gelöst, der in die Kristallkugel schaute und die ganzen Vorgänge rekonstruierte. Soweit es uns betrifft, ist die Kristallkugel jedoch meistens für die Vorhersage der Zukunft hilfreich.

Es ist nicht anzunehmen, daß jeder sich in beliebiger geistiger Verfassung hinsetzen und durch den Blick in die Kristallkugel eine Antwort oder Lösung hinsichtlich einer bestimmten Frage bekommen kann. Die Kristallkugel ist nicht so ohne weiteres zugänglich. Was sie tun wird ist, einem geeigneten Hellseher Tatsachen zu enthüllen, mit denen sein oder ihr Geist stark beschäftigt ist und die ihm oder ihr ein Rätsel sind.

aus: Joseph J. Weed, 1985

Teufel austreiben und aus Kaffeesatz lesen

cis. Nürnberg – Daß sie den Teufel austreiben könnten, „um den Seelenfrieden wiederherzustellen" – mit diesem Ammenmärchen nahmen zwei jugoslawische Hausfrauen gutgläubige Landsmänninnen aus. Schlichte Betrügereien in Höhe von 1800 Mark waren es für den Nürnberger Amtsrichter. Ihre angeblichen Fähigkeiten, aus der Hand oder dem Kaffeesatz die Zukunft lesen zu können, öffneten Svetlana D. (39) und Mileva N. (38) mühelos die Wohnungstüren. Mit einer noch eindrucksvolleren Nummer warteten sie drinnen auf: Ein rohes Ei auf den Schallplattenspieler gesetzt, Tuch darüber und was kam raus mit viel Hokus-Pokus? Ein kleines, nur fünf Zentimeter großes, aber furchterregend aussehendes Teufelchen mit blinkenden Glasaugen und Raffzähnen.

Verkohlt im Aschenbecher lag ein falscher Tausendmarkschein, den die Angeklagten mit gutem Beispiel voran geopfert hatten für Zukunft, Seele, Glück und Portemonnaie. Schwer beeindruckt gab eine Familie 1000 echte Mark hin und noch den Ehering des verschwundenen Vaters.

Das nächste Opfer, eine 58jährige Witwe, mußte erfahren, daß auf ihrem verstorbenen Ehemann ein schlimmer Fluch laste. Nur durch materielle Opfer, „je größer, je wirkungsvoller", so die Angeklagten, könne er wieder zu seinem Seelenfrieden finden. Die Witwe trennte sich sofort von 800 Mark Bargeld und ihrem gesamten Schmuck (Wert 4000 Mark). Im Weihwasser gelegt, sollte er von den Frauen besprochen und dann zurückgebracht werden, „gereinigt vom irdischen Fluch". Die Trauernde, bereit auch noch ihr Bankkonto mit 4000 Mark zu räumen, erzählte zum Glück ihrer Tochter von der Wiedererlangung des Seelenfriedens. Die Medizinstudentin schaltete sofort die Polizei ein. Als das Teufels-Austreiber-Duo, wie verabredet, wieder bei der Witwe erschien, um weitere Opfer entgegenzunehmen, waren die Beamten schon da.

Das Urteil: Je zehn Monate Haft auf Bewährung für die Sozialhilfe-Empfängerinnen.

Abendzeitung, 21.5.88

AZ-Schlagzeile vorhergesagt
Zauberkünstler erriet Thomas-Gottschalk-Überschrift

suk. Nürnberg – Minuten vor der Enthüllung seiner geheimnisvollen AZ-Schlagzeilen-Vorhersage standen dem Zauberkünstler Wolfgang Hund gestern doch noch die Schweißperlen auf der Stirn. „Es ist", gestand er seinem Publikum in der Schalterhalle der „Abendzeitung" kurz vor Öffnung des Umschlags, „wirklich ein großer Streß für mich." Der erhöhte sich noch, als der Hersbrucker schließlich um Punkt 11 Uhr zur Schere griff und das mit Tesafilm verklebte Kuvert öffnete.

Darin befand sich der originale Briefumschlag, wie er – verschlossen und versiegelt – vor zwei Wochen per Post in unsere Redaktion eingegangen war. Bis gestern früh hatte er im AZ-Tresor gelegen.

Verblüffung, als Reporterin Susanne Kölbl den Brief schließlich geöffnet hatte: Inhalt: die Vorhersage: „Bayern 3 holt Gottschalk zurück". Das Kunststück war gelungen! Den Beifall der erwartungsvollen Besucher hatte sich der Trickser nun aber redlich verdient. Auch zwei Nürnberger Zauberer unter den Zuschauern staunten nicht schlecht. Magie-Künstler Lothar Wegener meinte sogar: „Die Schlagzeile der „Abendzeitung" vorherzusagen ist jedenfalls schwieriger als eine Jungfrau zu zersägen."

Wolfgang Hund, der – wie er betonte – nicht mit dem Anspruch kam, „übersinnliche Kräfte zu besitzen", war schließlich angetreten, um anderen Spaß zu bereiten.

Voller Erfolg: Tatsächlich steckte in dem Vorhersagebrief die AZ-Schlagzeile vom Freitag – mit Absendedatum von vor zwei Wochen.
Fotos: Berny Meyer

Abendzeitung 16.6.88

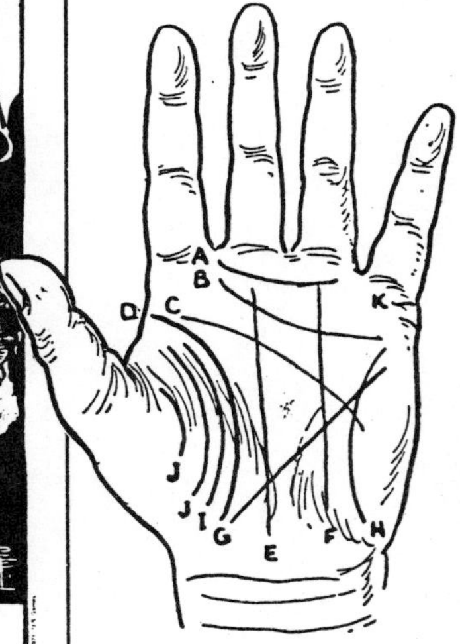

... und hellsehern

Der MAGIER

Der TEUFEL

A. Venusgürtel
B. Herzlinie
C. Kopflinie
D. Lebenslinie
E. Schicksals- oder Saturnlinie
F. Erfolgs- oder Apollolinie
G. Gesundheits- oder Merkurlinie
H. Intuitionslinie
I. Marslinie
J. Einflußlinien
K. Zuneigungslinien
L. Raszetten oder Armbänder

Ein kurzer Überblick über die Symbolbedeutung der Tarotkarten

1	Magier	Ein Mensch sucht nach Wissen; die gesuchte Antwort
2	Weiblicher Papst	Intuition, Inspiration; unterbewußtes Wissen, Mangel an Voraussicht
3	Kaiserin	Menschliche Einsicht, Weiblichkeit, Sinnlichkeit, Schönheit und Glück
4	Kaiser	Männlichkeit, Unabhängigkeit, Kreativität, Tat
5	Papst	Gerechtigkeit; Heilung
6	Liebespaar	Wahl, Entscheidung
7	Wagen	Errungenschaft, Erfolg; Gefahr einer Niederlage
8	Richter	Vorsicht bei Ratschlägen; sein Schicksal in die Hand nehmen
9	Einsiedler	Zeit; Weisheit; Zurückziehen
10	Glücksrad	Wechsel; Klugheit; die ewige Wiederkehr
11	Kraft	Zielstrebigkeit, eine nahende Gefahr
12	Gehenkter Mann	Anpassungsfähigkeit; Wunsch zu lernen; eine heftige Veränderung und ein Opfer
13	Tod	Veränderung durch Wandlung, Wiedergeburt
14	Mäßigung	Mäßigung, Nachsicht; Veränderung
15	Teufel	Der Widersacher; Vorsicht
16	Der Turm	Strafe; Stolz; göttliche Inspiration
17	Der Stern	neuer Anfang, Freude; Heil
18	Der Mond	Ungewißheit; Unbeständigkeit
19	Die Sonne	Pracht, Gesundheit, Wohlstand, Zuneigung; Verrat
20	Gericht	Strafe oder Belohnung; Erreichen des Zieles
21	Die Welt	Erfüllung, Abschluß auf einer materiellen Ebene
0	Der Narr	Schicksal, Glück, das Ende

Die Kopflinie sollte von der Lebenslinie ausgehen, mit der sie üblicherweise leicht verschlungen ist, bevor sie von ihr abzweigt und über die Marsebene verläuft. Sie sollte entweder in einer leichten Neigung zum Mondberg an der Handkante verlaufen oder sich in mehr oder weniger gerader Richtung über die Handfläche ziehen.

In jedem Falle sollte die Linie von guter Länge sein, gleichmäßig tief und klar, nicht unterbrochen und auch ohne andere Defekte – dann ist das Beurteilungsvermögen gut, der Geist gesund, die Sinne stark, und es bestehen gute intellektuelle Fähigkeiten. Eine unterbrochene, fehlerhafte, abfallende oder blasse Linie bedeutet Schwäche, Kopfschmerzen, Mangel an Festigkeit in den Ideen und Unentschlossenheit.

Die Lebenslinie beginnt an der Handseite unter dem Jupiterfinger; sie umgibt den unteren Mars- und Venusberg und endet in den meisten Fällen unter dem Venusberg. Die Linie sollte gut gezeichnet sein, ohne Defekte, nicht breit und flach und ununterbrochen; weder zu rot in der Farbe noch zu blaß, sondern eher rosa. Die Farbtests sind auf diese Linie besonders anwendbar.

Die Linie zeigt die Gesundheit und das Auf und Ab des Lebenskurses der Person während der verschiedenen Lebensperioden an und in vielen Fällen auch das voraussichtliche Lebensende.

Diese Linie fehlt selten; ihr völliges Fehlen würde in der Tat zeigen, daß die Lage sehr unsicher ist und das Lebensende jeden Augenblick eintreten könnte.

Nach einer allgemeinen Vorhersage nimmt man an, je länger die Lebenslinie, um so länger das Leben, und je kürzer die

aus: Joseph J. Weed, 1985

TOD

Die LIEBENDEN

Der HERRSCHER

Der WAG...

... und hellsehern

AB 29

Lousi Al-Alousi

Weltbekannter Magier/Hellseher aus dem Orient/Bagdad – Berater vieler Scheichs, Prinzen und Königsfamilien – sieht Vergangenheit, Gegenwart, Zukunft. Problemlösung – Partnerzusammenführung.

Lousi Al-Alousi deutet Ihnen Ihr gesamtes Leben, Vergangenheit, Gegenwart, Zukunft und was das Schicksal für Sie verborgen hält. Ebenso Ihre persönlichen Lottozahlen. Außerdem bekommen Sie einen Talisman, der Glück in der Liebe, Geld und Gesundheit bringt.

Senden Sie Ihren Namen, Geburtsdatum, ein Foto und DM 100 sowie Ihre Adresse an: **Lousi Al-Alousi**,
Sie erhalten umgehend ausführlich Rückantwort.

Kräfte seit Generationen vererbt. Die bekannte ungarische **Hellseherin, Zigeunerwahrsagerin, Magierin Katalin** hilft Innen
Telefon

Kartenseherin Bonn

Deutschlands bekannte und erfolgreiche
Seherin – Handlesen – Astrologie
50 Jahre Erfahrung. Sprechstunde nach telef. Anmeldung. – Auch schriftl. Ausarbeitung nach Bild u. Geb.-Datum DM 150,–

HELLSEHER (drittes Auge)

Voraussagen, weiße Magie, Partnerzusammenführung und Trennung, Jenseitskontakte, Astrologie. 100% Diskretion, 30 Jahre Berufserfahrung, Termin oder schriftlich

Fernschule für PSI und Grenzwissenschaft

Eingeweihte der "Hohen Magie"
Magierin – Hellseherin hilft in allen Lebensbereichen, auch bei Lernproblemen – Konzentrationsschwierigkeiten. Kartenlegen, Pendel. Gesundheitsprobleme, Geistheilung
Bitte Foto, alle pers. Daten und 80 DM

Arbeitsaufgaben:

1. Warum, glaubst Du, gehen Menschen zu Wahrsagern und Hellsehern?
   a) weil sie rundum glücklich sind?
   b) weil sie Probleme haben?

2. In welchen allgemeinen Lebensbereichen kann es so große Probleme geben, daß man damit zu Wahrsagern oder Hellsehern geht?

3. Versuche, zu diesen Lebensbereichen jeweils eine oder zwei Fragen zu finden, die einem Hellseher / einem Wahrsager gestellt werden!

4. Versuche nun selbst, eine Antwort auf die von Dir gestellten Fragen zu finden, die so allgemein gehalten ist, daß sie auf jeden Fall gilt, ganz gleich, wie sich die Situation entwickelt!

5. Hellseher und Wahrsager sind oft sehr gute Menschenkenner, die allein aus scheinbaren Nebensächlichkeiten (aus der Kleidung, aus dem Aussehen, aus dem Verhalten der Kunden) bestimmte Schlüsse ziehen können.

   Spiele selbst "Detektiv" und vermute, was folgende Beobachtungen bedeuten **könnten**:
   a) Alkoholfahne
   b) offensichtlich ungepflegter "Dreitagebart", unrasiert
   c) ungepflegte Kleidung (zerdrückte Bügelfalten, abgerissene Knöpfe, Flecken, Schmutzränder...)
   d) Ringe unter den Augen; Augen gerötet
   e) fahrige, nervöse Bewegungen; dauerndes Spielen mit irgendwelchen Gegenständen (Kugelschreiber,...)
   f) eine helle Stelle am rechten Ringfinger (wo normalerweise der Ehering sitzt)
   g) dunkle, unauffällige, neutrale, schlecht geschnittene Kleidung, die eigentlich nicht zum Alter oder zum sonstigen Aussehen der Person paßt
   h) bleiche, ungesunde Gesichts- und Körperfarbe
   i) blaue Flecken am Körper, die die Person zu verstecken versucht.

6. Aus der unbewußten Reaktion des Kunden auf ihre Fragen können geschickte Wahrsager und Hellseher bereits erste Schlüsse ziehen.

   Kreuze in der folgenden Tabelle an, welche Informationen oder Fragen auf <u>Dich</u> zutreffen würden:

   a) "Ich sehe (im Kaffeesatz, in der Kristallkugel, in den Karten...) ein großes Haus, das für Sie eine bestimmte Bedeutung hat..."
   b) "Ich sehe einen großen Mann, der für Sie wichtig ist..."
   c) "Ich sehe, daß es Probleme mit Geld gibt..."
   d) "Ich sehe, daß es momentan im häuslichen Bereich / in der Familie Schwierigkeiten gibt"
   e) "Ich sehe, daß Sie in der Vergangenheit Schwierigkeiten mit einer Ihnen nahestehenden Person aus der Verwandtschaft hatten..."
   f) "Ich sehe eine starke Bindung zu einem Tier"
   g) "Sie haben vor kurzem etwas verloren, was für Sie einen Wert hatte..."
   h) "Ich sehe, daß Sie momentan vor einer Entscheidung stehen und nicht wissen, wie Sie sich verhalten sollen..."

7. Auch wenn der Kunde nichts antwortet, kann der Hellseher / die Wahrsagerin aus bestimmten Reaktionen Zustimmung oder Ablehnung erkennen. Welche Reaktionen könnten dies beispielsweise sein?

8. Mit welchen Titeln oder mit welchen besonderen Fähigkeiten versuchen in den oben abgebildeten Anzeigen Wahrsager und Hellseher ihre Kunden anzulocken?

9. Suche selbst in Tageszeitungen und Zeitschriften Anzeigen von Wahrsagern und Hellsehern! Vergleiche sie miteinander!

10. Welche "Hilfsmittel" verwenden die Hellseher / Wahrsager?
    Woraus wird "die Zukunft" abgelesen? Warum eigentlich?

die tricks der medien
Falsche Geister - Echte Schwindler

Die Überschrift (der Titel des Buches von Allan u.a.) gibt eigentlich schon wieder, was von jeglichen **Spukerscheinungen** zu halten ist.

Immer wieder ist es amüsant, wie angebliche Medien (sehr oft sind es Jugendliche, meist Mädchen) leibhaftige "Spuk-Professoren", Techniker und Wissenschaftler zum Narren halten. Hochgejubelt von Medien steigern sich die Verursacher immer mehr in die Erzeugung von Poltergeistererscheinungen - bis "Geisterjäger" (z.B. Allan, James Randi) ihre Machenschaften entlarven. **Die Beweggründe der "Medien"?**

"Man wollte sich im Mittelpunkt der Ereignisse wissen, wollte bedauert sein, wollte die Aufmerksamkeit von einem anderen ablenken, wollte Furcht einflößen, sich für Zurücksetzungen rächen. Benachteiligungen ausgleichen, wollte neue Bekleidung haben, neue Möbel, größere Wohnung, wollte einen Menschen durch die Beschmutzung eines Gegenstandes seiner Verehrung beleidigen, wollte einen anderen Menschen in schlechten Ruf bringen, wollte die Vermieter vertreiben, die Großmutter zum Auszug bewegen, Diebstähle verschleiern usw."
(Schäfer, zit. nach Prokop)

Spukerscheinungen hatten um die Jahrhundertwende bei spiritistischen Dunkelsitzungen Hochkonjunktur. Die dabei verwendeten Tricks waren teilweise primitiv und naiv, z.T. sehr raffiniert. Eindeutige Entlarvungen wurden von den Gläubigen umgedeutet und nicht anerkannt. So wurde z.B. der Besenstiel, mit dem das Medium den Tisch hochhob (eine Blitzlichtaufnahme enttarnte das Hilfsmittel) flugs umgedeutet zu einer "psychischen Rute", die zwischen den Beinen des Mediums emporwuchs (nach Prokop, siehe die entsprechende Abbildung):

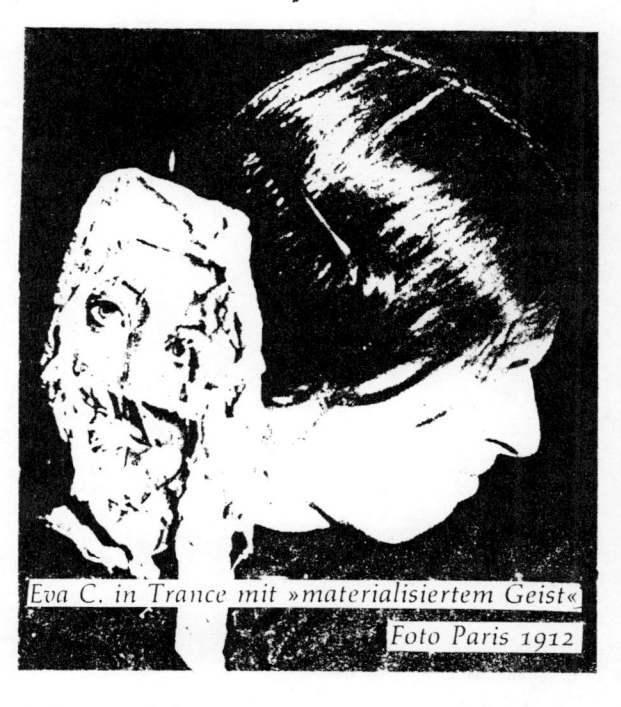

Eva C. in Trance mit »materialisiertem Geist« Foto Paris 1912

Andere Medien produzierten aus Körperöffnungen "Ektoplasma" trotz "intensiver Kontrolle" durch Wissenschaftler. Oft schmuggelte ein geheimer Helfer den entsprechenden Verbandmull (mit Gänsefett schlüpfrig gemacht - falls ihn jemand anrührte) zur Sitzung und steckte ihn dem Medium heimlich zu.

Bildung von »Ektoplasma« aus dem Mund eines Mediums durch engmaschige Gaze. München 1913

Der Einfallsreichtum war und ist riesig.
Prokop/Wimmer (1987) schreiben richtig: "...gehört an den "Spuk" - Ort nicht der Parapsychologe, sondern der nichtabergläubige Kriminalist (Wimmer ist Richter, d. Verf.) und Trickexperte. Auch die teuersten Geräte nutzen nichts, wenn sie auf Nichtvorhandenes angesetzt werden..."

Die in der Anlage angeführten Auszüge aus dem o. a. Buch von Prokop/Wimmer belegen genügend, welche tatsächlichen Hintergründe Spuk haben kann.

Allan/Schiff/Kramer, Bogen, Christopher und Pelz schildern detailliert Einzelfälle.

die tricks der medien   AB   31

1951 Ebenfalls im ländlichen Oberbayern fielen Steine ins Schlafzimmer einer gelähmten alten Frau, auch wenn ansonsten keine Personen anwesend und Türen und Fenster geschlossen waren. Die Parapsychologen GERLOFF und MOUFANG sprachen von okkultem «Spuksteinregen»: «Manche der Wand und Decke unsichtbar durchdringenden und vermutlich sich rematerialisierenden Steine waren so heiß, daß man sie nicht anfassen konnte» (VOLMAR). Der Polizei jedoch gestand die 14jährige Enkelin den kleinen Hokuspokus: Sie «hatte u. a. eine Reihe von Steinen auf die Kante des Gardinenbretts gelegt. Wurde in ihrer Anwesenheit die Tür zum Schlafzimmer der Großmutter ein wenig heftig geschlossen, so kippten die Steine nach und nach infolge der Erschütterung herunter auf den Zimmerboden» (SCHÄFER 1963).

«Medium»	okkultgläubige Gelehrte	vorgebliche «Psychokinese»	Tricks
E. Paladino	C. LOMBROSO, C. RICHET, A. DE ROCHAS, C. FLAMMARION	«Levitation» von Tischen, «Telekinese» von Stühlen, Geschirr, Saiteninstrumenten, spukhafte Klopftöne, «Apporte» von Bonbons, Rosen und Orangenblüten aus der «anderen Welt», kalter Grabeshauch, eisige Händedrücke von «Geistern». LOMBROSO: «So hatten wir also die in völligem oder fast völligem Dunkel beobachteten wunderbaren Phänomene schließlich erhalten, ohne das Medium auch nur einen Augenblick lang aus den Augen zu verlieren... Warum Tatsachen leugnen, die man mit eigenen Augen gesehen hat?»	Durch geschickte Bewegungen wurden Hände und Füße aus der «Kontrollkette» befreit und damit dann die «Fernbewegungen» ausgeführt. Die unheimlichen Klopflaute: «Cri-cri», eine in den Schuhabsatz eingebaute Feder, mit der man durch Pressen ein schwer lokalisierbares dumpfes Geräusch erzeugen konnte. Das kühle Jenseitslüftchen: ein kleiner Blasebalg unter dem Rock in Form eines einfachen Schlauches, endend in einem Gummiballon, der unter der Achselhöhle eingeklemmt und durch Andrücken des Armes betätigt wird. Der kalte Händedruck des Todes: die eigene mit Äther angefeuchtete Hand. Zahlreiche Entlarvungen, u. a. 1895 und 1910. Von allen Wundern blieb «nur eines übrig, daß große Gelehrte solch frechen Schwindel auf eine unbekannte Kraft zurückführen» (MOLL).
S. Tomczyk	J. OCHOROWICZ, A. v. SCHRENCK-NOTZING	«Levitationen» von Streichholzschachteln, Scheren, Waagschalen und Zelluloidkugeln, «medianime» Leuchterscheinungen am Unterleib, magisches Anhalten einer Uhr. V. SCHRENCK-NOTZING sah «fluidische Fäden, die vom Medium ideoplastisch produziert werden.»	Manipulationen mit dünnen Seidenfäden oder Pferdehaaren (vgl. Abb. 28), eine Taschenlampe unter dem Rock und der bekannte präparierte Zeiger der sog. Zauberuhr. Entlarvung durch Nachvergrößerung von Fotos, auf denen die Fäden zum Vorschein kamen.

1967

In einer Anwaltskanzlei in Rosenheim «spukte» es rund um die 19jährige Büroangestellte Annemarie so grauenerregend, daß die Abergläubischen im Städtchen von «Hexerei» raunten: Bilder an der Wand begannen sich wie von selbst zu drehen, bis sie herunterfielen, Schubladen kamen «selbsttätig» aus Schreibtischen, ein Aktenschrank wurde wie von Geisterhand verrückt, dumpfe Schläge ertönten in den Wänden, das Telefon wurde von Unsichtbaren mißbraucht, Glühbirnen explodierten reihenweise und eine Hängelampe schwang plötzlich gespenstisch hin und her («die Geisterschaukel von Rosenheim»).

Erneut blamierten sich die Okkult-«Experten» mit einer Fülle von Gänsehaut-Theorien. «Ein Fall spontaner Psychokinese», urteilte 1968 einer der ersten Paraforscher am unheimlichen Ort, BENDER, und wähnte durch «Zusammenarbeit von Physikern, Technikern, Psychodiagnostikern und Parapsychologen eine neue Etappe der Spukforschung erreicht». Die Paraphysiker waren KARGER und ZYCHA, die trotz «Prüfung aller erdenklichen Ursachen» schließlich resigniert folgerten, daß «eine Beschreibung der Phänomene mit vorhandenen Prinzipien der Physik nicht möglich ist»; ein weiterer Paraphysiker, der ehemalige Jesuit BÜCHEL, sah gar «einen ansatzweisen Übergang zum ortsgebundenen Spuk», bei dem sich «vielfach ein vorausgegangener irgendwie qualvoller Todesfall an dem betreffenden Ort nachweisen läßt». Auch die Paratechniker, in diesem Falle die Revisoren des örtlichen Elektrizitätswerkes, lernten das Gruseln vor den «phänomenalen Erscheinungen» und fanden den Gedanken an die «bisher unbekannten Kräfte», denen es «offensichtlich gelingt, bewegliche Konstruktionsteile mechanisch zu beeinflussen,... geradezu beklemmend» (BRUNNER; ähnlich okkultängstlich KAUFMANN 1970). Allerdings hatten die Spukforscher bei ihrer «interdisziplinären Zusammenarbeit» die hier allein zuständigen Fachleute übergangen: Kriminalisten und andere Trickexperten. So kam denn bald ans Licht, was schon der Berufszauberkünstler und Sachverständige für Tricks von Okkultgaunern, Taschendieben und Falschspielern, ALLAN, vermutet hatte: der kleine Schwindel des «Mediums». Annemarie wurde nämlich von einem versteckten Polizeibeamten just in dem Augenblick erwischt, als sie die angebliche Geisterlampe mit höchst irdischer Kraft, nämlich von Hand, anschubste. Das Fazit zog ein (richtiger) Physiker: «Was dem einen sein Krimi ist, sind dem anderen eben seine Gespensterchen» (BRÜCHE).

aus: Prokop/Wimmer 1987

die tricks der medien

Das Phantom zu Claudia:
„Ich liebe dich!"

Das WOCHE-Telefon stand am Donnerstag und Freitag vergangener Woche nicht mehr still, als die „Geisterstimme" jeweils zwischen 14 und 17 Uhr zu hören war. Die Drähte glühten, das Telefonnetz drohte zusammenzubrechen. Tausende von Interessierten konnten das Gespräch zwischen Claudia und dem „Geist" leider nicht hören, weil kein Durchkommen mehr möglich war. Als Entschädigung für alle, die kein Glück (oder keine so große Geduld hatten, es immer wieder zu probieren), wird nachfolgend die Tonbandaufnahme in leicht gekürzter Form abgedruckt. Im Interesse der WOCHE-Sekretärin eine große Bitte: In dieser Angelegenheit sollte nicht mehr angerufen werden; das Gespräch kann aus technischen Gründen keinesfalls mehr abgespielt werden. Bei nachfolgendem Ausschnitt handelt es sich um wenige Telefon-Gesprächsminuten zwischen Claudia und dem Geist. Bis zu 150mal meldete sich der Aufdringliche; umso bewundernswerter ist die Geduld und der Umgang des Mädchens mit dem Geist.

Claudia: Ich hab gmeint, es geht erst richtig auf, wenn die Post und die Polizei da ist.

Geisterstimme: Ja, aber ich werd mich nicht mehr melden. Vielleicht nur ein paar Mal, aber nicht oft. Blödes Rindvieh. Ich liebe dich.

Claudia: Ja?

Geisterstimme: Ihr könnt mich nicht verarschen, bloß daß ihr's wißt! Ich weiß ganz genau, heut' kommt die Anlage abends weg, ich hab's gehört. Aber ich werd mir was Neues einfallen lassen, ihr schwulen Säue ihr! Zum Narren braucht ihr mich nämlich nicht halt'n, bloß daß ihr's wißt!

Claudia: Ja, jetzt beruhige Dich nur. Was is'n los? Ich kenn mich überhaupt nicht aus.

Geisterstimme: Ja und, aber Deine Chefin weiß Bescheid, die kann ja ihr Maul nicht halt'n, die sagt ja immer alles vor mir. Das erregt mich dann.

Claudia: Jetzt komm', jetzt hör amal mit Deine Schimpfwörter auf.

Geisterstimme: Der Bulle kommt heut auch nicht, ich weiß es. Heute abend wird die Post die Anlage ausbauen, bloß daß ihr's wißts. Noch eins, falls ihr meint, ich komm über das eine Peilgerät am Telefon, da habt ihr euch getäuscht, wenn das weg ist, komm ich immer noch durch, wir haben nämlich eine gute Leistung, bloß daß du's weißt.

Claudia: Jetzt wart amal, jetzt laß mich auch red'n gell ...

Geisterstimme: Was, du brauchst gar nicht mehr den Mund aufmach'n sonst ... (obszöne Bemerkung)

Claudia: Jetzt geh, geh, gen, jetzt hör amal auf.

Geisterstimme: Der Bulle kommt heut nicht, ich weiß es, drum bist du so nervös, gell? (lacht höhnisch).

Claudia: Ich bin überhaupt nicht nervös, ich will nur wissen, wohor du das weißt! Du erfindst ja Zeug, was überhaupt ned wahr ist.

Geisterstimme: Ja, ja, ich weiß alles, bloß daß du's weißt.

Geisterstimme: Dein Bulle ist heute nicht dabei, heut ist ein anderer dabei, gell? Ja, ja.

Claudia: So, der ist heut nicht dabei, ich hab's noch nicht gesehn.

Geisterstimme: Doch, heut ist wer anders dabei, ja, ja.

Claudia: Praxis Dr. Bachseitz, Grüß Gott!

Geisterstimme: Ihr blöden Schweine, ihr. Was habt denn ihr gemacht? Ihr habt mir meine Anlage weggenommen. Aber ich hör euch genau noch so gut, braucht nicht meinen, daß ich euch nicht mehr hör.

Claudia: Warum? Wir ham doch überhaupt nichts g'macht.

Geisterstimme: Doch! Ich weiß es ganz genau! Aber ich hör euch immer noch auf der Anlage!

Claudia: So auf der Anlage! Was verstehst denn unter Anlage?

Geisterstimme: Laß' mir meine Ruh!

Claudia: Ja, ich kann's Dir schon lass'n. O. k. Servus.

Geisterstimme: Sag mal, was macht'n der Typ vor unserem Fenster? Der mit der Brille?

Claudia: Du, ich muß wieder auflegen, gell. Da kommt jetzt wer. Ich hab' den no ned g'sehn.

Geisterstimme: Ich werd' mich wieder melden.

Claudia: Ja, is scho recht.

aus: Die Woche, 25.2.82

In einer niederbayerischen Zahnarztpraxis wurden Patienten von einer geisterhaften Stimme erschreckt, die aus Waschbecken, Spucknäpfen und Toilettenschüsseln ertönte. «Chopper», wie der neue Gruselkobold von der 16jährigen Sprechstundenhilfe Claudia getauft wurde, gab allerdings zumeist Unanständiges aus dem Dialektschimpfwörterbuch von sich («wamperte Loas», «impotentes Krukkenmanschkerl» u.ä.), so daß alsbald Strafanzeigen erstattet wurden.

Parapsychologe BENDER kam diesmal erst gar nicht zum «Untersuchen», da ihm «Chopper» mit rüden Worten die Tür wies. Dafür wurden Fahnder von der Bundespost tätig, die jedoch trotz großen Apparateaufwands (60000.–DM) keine natürlichen Ursachen fanden. Weitere Ermittlungsvorschläge von Okkultisten:

«Chopper ist im Geistwesenreich zu suchen; er dürfte ein Verstorbener sein, der weiterlebt und schön langsam von dem Mädel Besitz ergreift.»

«Um dieser rätselhaften Angelegenheit auf die Spur zu kommen, muß eine Reinkarnation bei Claudia durchgeführt werden.»

«Ich halte es für durchaus möglich, daß zeitweise ein UFO über dem Haus steht, von dem der Terror ausgeht.»

«Chopper» wurde schließlich durch die Kriminalpolizei entlarvt: der Geist war natürlich Claudia selbst, die dabei nur ein wenig ihre Stimme zu verstellen brauchte; der Zahnarzt und dessen Frau hatten später zum Gaudium von Presse und Funk mitgespielt. Die Rechnung wurde vom Amtsgericht Regensburg präsentiert: teilweise saftige Geldstrafen wegen Beleidigung der Patienten und Vortäuschung von Straftaten. Aus den öffentlichen Gerichtsverhandlungen (zugleich Quelle für vorliegenden Bericht) ließ sich erneut die alte Lehre ziehen: «Es spukt nicht in der Stube, sondern im Oberstübchen».

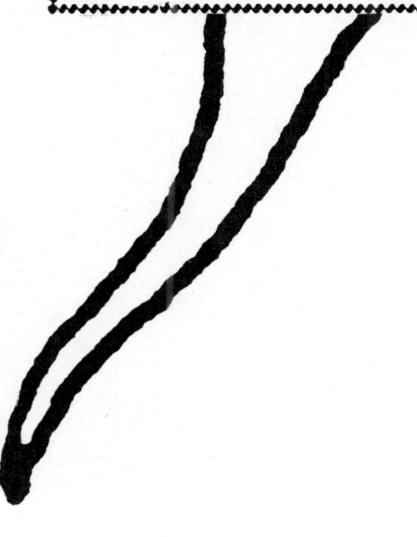

aus: Prokop/Wimmer, 1987

geisterstimmen

"Hallo - hier ich!" - Wer dort?"

Tonbandstimmen

Waren es vor einigen Jahrzehnten die technisch einfachen (aber tricktechnisch oft komplizierten) Geistertafeln, mit deren Hilfe sich die "Jenseitigen" mit ihren Medien verständigten, sind es heute technisch hochwertige Geräte wie Tonbandgeräte oder gar Computer, die als Hilfsmittel dienen.

Ohne auf die Vorgangsweise näher einzugehen (es gibt verschiedene Abarten der von dem Schweden Friedrich Jürgenson entwickelten Technik): Auf "leeren" Tonbändern ist nach dem Aufnehmen von Fragen an die "Geister" in den Pausen dazwischen die "Antwort" zu hören. Teilweise werden Hintergrundgräusche wie z.B. Wassertropfen absichtlich mit aufgenommen.

Was ist dazu zu sagen?

1. Der Äther ist heutzutage voll von Rundfunkwellen, die durch technische Geräte vielfältiger Art aufgefangen werden, besonders, wenn sie nicht in allen Teilen gut abgeschirmt sind. Vor allem unweit von Radiostationen demodulieren durch Intermodulation sehr viele Tonbandgeräte starke Mittel- und Langwellensender und nehmen dadurch Texte des Rundfunks auf.

2. Es kann technisch keine völlig gelöschten Tonbänder geben.

3. Die **Interpretation** des von den Geistern Gesagten kommt immer zunächst von den "Kundigen". Der unbefangene Laie hört gar nichts. Erst wenn behauptet wird, an einer bestimmten Stelle sei ein bestimmtes Wort deutlich hörbar und wenn diese Stelle dann noch oft genug vorgespielt wird, meint man tatsächlich, entsprechende Satzfetzen wahrzunehmen. Also Fremd- und Autosuggestion.

4. Ein ähnlicher Effekt ist aus dem visuellen Bereich allgemein bekannt: Betrachtet man einen Tapetenfleck oder eine dahinziehende Wolke, erkennt man auf einmal eine bestimmte Gestalt, ein Gesicht, ein Tier usw.

Dies ist auch im Akustischen möglich: In der Nähe eines gleichförmigen Geräusches (Wasserfall, Rauschgenerator) meint man plötzlich Stimmen zu hören, die sich vom Hintergrund deutlich abheben. Vor allem im Zustand leichter Ermüdung tritt diese Täuschung häufig ein.

Auch in einem fremden Land, umgeben von fremdländischen Lauten, kann man auf einmal deutsche Laute vernehmen, obwohl niemand diese Sprache spricht.

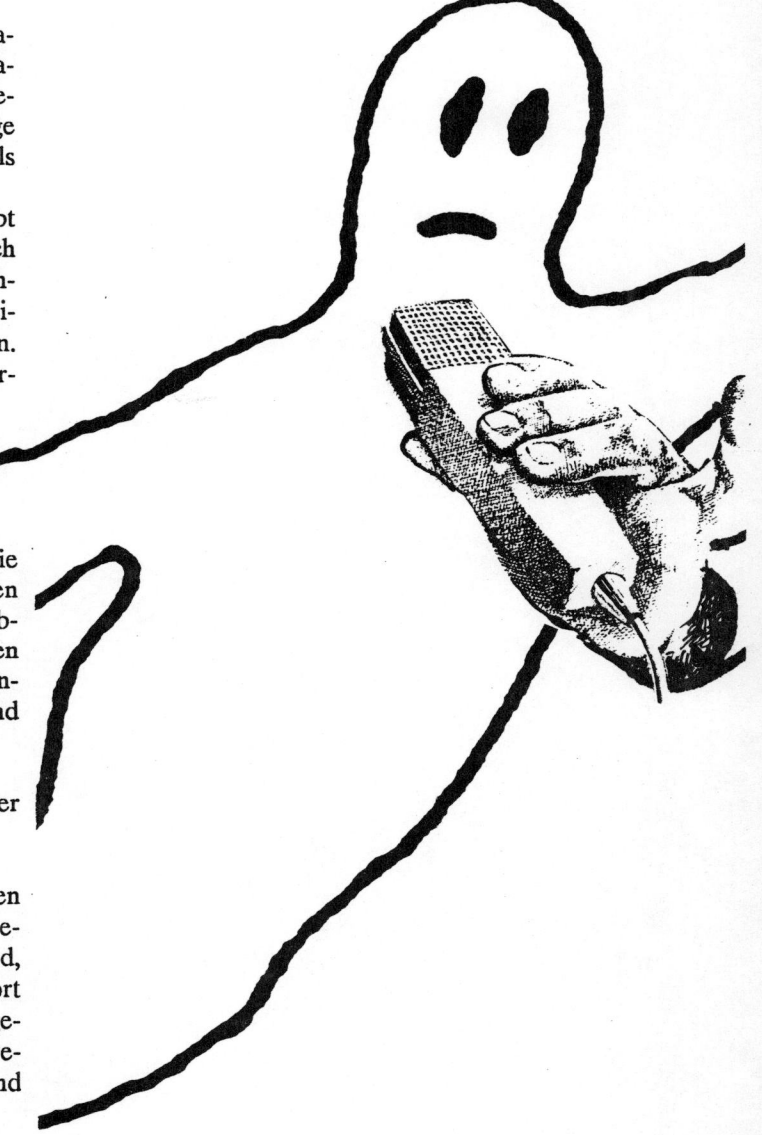

geisterstimmen

AB   34

Nehmen wir es also hin: Sie sind da. Es gibt ein Leben nach dem Tod; es gibt Geister von Hingeschiedenen, die Kontakt mit den Lebenden suchen, um ihnen dies und jenes zu sagen. Lassen wir uns auch nicht dadurch beirren, daß von den unendlich vielen toten Seelen, die sich im Laufe der Menschheitsgeschichte angesammelt haben – auf jeden heute Lebenden kommen ihrer Hunderte –, nur verschwindend wenige an solchem Kontakt interessiert zu sein scheinen. Denn das mag daran liegen, daß *wir* nicht interessiert sind; oder daran, daß die meisten schon abkommandiert sind, zur ewigen Seligkeit, zur ewigen Pein; oder auch daran, daß im Sinne der Palingenese die Mehrzahl der Seelen immer leibgebunden ist und nur die im Wartestand frei vagabundieren, was freilich zu einem psychodemographischen Dilemma führt: Die Erdbevölkerung vermehrt sich rasant – wo kommen die benötigten Seelen her? Waren sie vorfabriziert, von allem Anfang an? Werden sie nachgefertigt, wenn Bedarf besteht? Oder ist schon nicht mehr alles Fleisch auf Erden beseelt? Das zu vertreten wäre freilich riskant, weil ruf- und berufsschädigend. Wir wollen lieber annehmen, daß sich heute oft mehrere Leiber in *eine* Seele teilen, wodurch auch verständlich würde, warum diese geteilten Seelen zunehmend der therapeutischen Streckung bedürfen. Doch sei dem nun, wie ihm wolle. Wenden wir uns den freischwebenden Seelen zu, den Botschaften, die sie uns Sterblichen zukommen lassen.

»›Wir lebten in der tiefsten Wirrnis…‹, begann die Stimme auf Deutsch, ›die Menschen herunterzudrücken und knechten… die anderen entzogen sich – ich nicht… darum bin ich…‹
Die folgenden Worte [auf dem Tonband] wurden von unseren Stimmen übertönt. Nach einer kurzen Weile fing der Mann wieder an zu sprechen. Er fügte nur einen Satz hinzu mit dem sonderbaren Inhalt: ›Wir lebten in bösem Kompott‹ (nicht Komplott). Dann brach die Stimme ab.
Gleich danach aber ertönte wieder jene Frauenstimme, die vorher ›Federico war so süß‹ gesagt hatte, und rief ein langgestrecktes und spöttisches ›Heil!‹ aus. Im nächsten Augenblick fügte sie erregt hinzu: ›Das war Hitler – er schämt sich nicht – er war hier…‹
Obschon die Frau deutsch sprach, konnte man deutlich einen jüdischen Akzent erkennen, und zwar den einer polnischen Jüdin. Noch einmal erklang ihre Stimme, und zwar gerade, bevor das Tonband zu Ende war:
›Das war Hitler – er sieht euch!‹ rief sie laut und erregt und fügte plötzlich mit veränderter und etwas verlegener Stimme hinzu: ›Ich sage Hitler – er liebt mich!‹« (Jürgenson 1981, S. 59 f.)

aus: Kursbuch 86

Botschaft an alle

Mit der Einspielung „Olsen kommt zu dir, Friedel", hatten seine jenseitigen Freunde den schwedischen Entdecker des Tonbandstimmen-Phänomens, *Friedrich Jürgenson*, auf das Bevorstehende aufmerksam gemacht. Ein halbes Jahr später kam er tatsächlich: *Rolf Olsen*, Filmregisseur aus München mit besonderer Vorliebe für Psi-Themen. Was sich aus der Begegnung der beiden Männer ergab, war am Samstag, dem 16. Mai, in Münchens „Mathäser Festsälen" erstmals für ein öffentliches Publikum zu besichtigen: der Fernsehfilm „Brücke zur Unsterblichkeit" (s. auch Kurzbericht in *esotera* 6/87, Seite 7).
Warum sich der jetzt 84jährige den Mühen der Dreharbeiten unterzog und in seinem hohen Alter noch einmal der strapaziösen Konfrontation mit einer breiten Öffentlichkeit aussetzt, ist freilich nicht allein mit der Absicht erklärt, über ein – nun auch nicht mehr so ganz neues – parapsychologisches Phänomen zu informieren. In einem *esotera*-Gespräch in seinem Münchner Hotel macht Jürgenson kein Hehl daraus, daß es ihm um viel mehr, ja, um alles geht: Laut Jenseits-Information werde sich „ein verstorbener Mensch, den alle kennen", in absehbarer Zeit per Farbbild und Ton gleichzeitig in die Fernsehprogramme der ganzen Welt einschalten mit einer Botschaft, die die Menschheit in letzter Minute auf ihrem Weg in den Abgrund der Selbstvernichtung stoppen soll. Damit ahnungslose TV-Zuschauer nicht reihenweise in Ohnmacht fallen, müßten sie, glaubt Jürgenson, vorbereitet sein. Und das sei seine Aufgabe, die er mittels der jetzt vorliegenden und eines weiteren Films bewältigen will. Wann das große Ereignis eintreten soll, weiß aber auch Jürgenson noch nicht: „Es kann in einem Jahr sein oder einem Monat."

aus: ESOTERA, 7/87

Musik aus dem Kochtopf

Christian Wolany, Hobbykoch, kann in seiner Küche ohne Gerät Radio hören. Wenn der Hamburger einen Topfdeckel auf eine bestimmte Stelle zwischen Küchenherd und Spüle legt, ist deutlich das Mittelwellenprogramm von NDR 2 zu hören. Wolany, der mit seiner Lebensgefährtin eine Dreizimmerwohnung am Rantumer Weg in Billstedt bewohnt, glaubte zuerst „an Gespenster". Techniker des Senders haben jetzt des Rätsels Lösung gefunden: Wolanys Küchenmöbel stehen zufällig genau „empfangsgerecht" für den nur drei Kilometer entfernten Sendemast Moorfleet. Die Spüle wird so zur Antenne, der Herd zum Gleichrichter und der Topfdeckel zum Lautsprecher. Seitdem sich das „gebührenfreie Radio" (so ein Sprecher der Post) des Hobbykochs herumgesprochen hat, klingelt es alle Augenblicke an Wolanys Wohnungstür, weil Nachbarn und Besucher das Phänomen der musikalischen Küche bewundern wollen.

Als in seiner Küche plötzlich Musik ertönte, glaubte Detektiv und Hobbykoch Christian Wolany zuerst an Gespenster

GONG, Nr.53

geistheiler
Der Glaube versetzt Berge

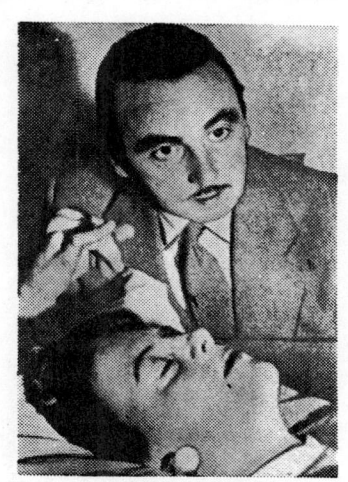

ODER:

Das Geschäft mit der Gesundheit

"Wunderheilungen" machen immer wieder Schlagzeilen, berechtigt oder unberechtigt. Auf welche Art und Weise eine Heilung erfolgt, ist dem Kranken zunächst einmal egal - Hauptsache er ist wieder gesund. Dies trübt allzuoft die klare Sicht auf das, was abgelaufen ist.

Heilungen mit Hilfe "geistiger Kräfte" oder sonstiger besonderer Fähigkeiten, die nichts mit der naturwissenschaftlich orientierten, oft als "Schulmedizin" geschmähten "normalen" ärztlichen Kunst zu tun haben, gibt es auf mannigfache Art und Weise.

Von den rein betrügerischen, mit Taschenspielertricks arbeitenden, philippinischen Wunderheilern, über pseudoreligiöse amerikanische Scharlatane bis hin zu redlichen "Handauflegern" reicht die Spanne. Welche Geldsummen dabei verdient werden, übersteigt oft das Vorstellungsvermögen.

a) Die philippinischen und brasilianischen Wunderheiler:

Obwohl gerade sie oft genug eindeutig von Wissenschaftlern, vor allem aber von Zauberkünstlern eindeutig als Trickser entlarvt wurden, läuft das Geschäft weiterhin auf Hochtouren.

Christopher (1977) berichtet über ein Beispiel, das in einer Fernsehsendung dokumentiert wurde (in Deutschland hat Hoimar v. Ditfurth entsprechende Aufklärungsarbeit geleistet):

"Der 'Chirurg' knetete den Unterleib seiner falschen Patientin, machte eine ruckartige Bewegung mit seiner rechten Hand - und schon spritzte Blut aus dem 'Einschnitt'. Der 'Chirurg' griff hinein und zog eine häßliche rote Masse heraus. Nachdem er die Hautpartie wieder mit seiner anderen Hand massiert hatte, hob er beide Hände hoch, um zu zeigen, daß die Wunde zugeheilt war. Anschließend wurde das Verfahren genau erklärt.

Während der Massage des Unterleibs bildete der 'Chirurg' mit der linken Hand eine Hautfalte, die er mit einer roten Flüssigkeit füllte, indem er einen in der rechten Hand verborgenen Schwamm ausdrückte. Gleichzeitig machte er mit der rechten Hand den 'Einschnitt'. Das Wegwischen des 'Blutes' bot dem 'Chirurgen' Gelegenheit, ein Stück Tiergewebe in die Hand zu nehmn und es in die Hautfalte zu legen, während er mit seinen Fingern in den Körper 'hineingriff'. Dann zog er dramatisch die blutige Masse aus der 'Wunde'. In der Zwischenzeit kniffen die Finger seiner linken Hand möglichst fest in die Haut des Patienten, um bei diesem den Eindruck zu erwecken, das Gewebe sei tatsächlich durchschnitten worden. Schließlich bedeckte er die 'Wunde' mit seiner rechten Hand und ließ die Hautfalte los. Das Gewebe nahm wieder seine normale Festigkeit an, bevor er seine rechte Hand hochgenommen hatte. Und da es keinen Einschnitt gegeben hatte, konnte man natürlich auch keine Narbe sehen."

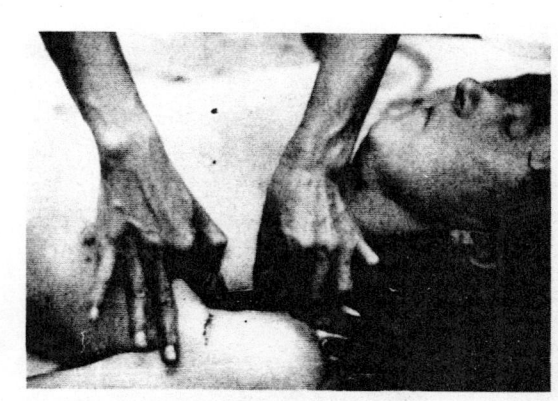

„Geistheiler-Operation" (Szene aus Ditfurth-Film)

Es gelang übrigens mehrere Male, die 'aus dem Körper entfernten Tumore' zu untersuchen. Sie entpuppten sich z.B. als Hundehoden.

b) Vor allem in den USA treten showmäßig **pseudoreligiöse Heiler** vor Tausenden von Anhängern auf, um Massenheilungen durchzuführen. James Randi hat ihre Methoden untersucht und entlarvt, wobei er auch hier zahlreiche Tricks entdeckte (z.B. Minisender im Ohr, mit denen der "Heiler" Botschaften/Informationen über die "Patienten" von seiner Frau erhielt). In den großen Haufen von Medikamenten, die von den ekstatischen Teilnehmern zusammengetragen wurden (weil sie sie nicht mehr verwenden wollten), wurden lebenswichtige Arzneien für Herz und Zuckerkrankheit gefunden!

c) Zum Beweis der Wirksamkeit bestimmter Geistheilungsmethoden werden immer wieder Personen vorgeführt, die nach dem Handauflegen oder einer ähnlichen Technik wirklich gesund geworden sind.

Hier wird ein Ursache - Wirkungs - Verhältnis angenommen, das keiner genaueren Untersuchung standhält.

Kein Arzt bezweifelt heute mehr die enorme Wirksamkeit des Willens, wieder gesund zu werden. Daß selbst das Immunsystem willentlich beeinflußt werden kann, ist mittlerweile unstritig bewiesen.

geistheiler

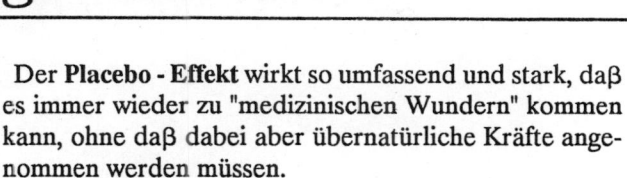

Der **Placebo - Effekt** wirkt so umfassend und stark, daß es immer wieder zu "medizinischen Wundern" kommen kann, ohne daß dabei aber übernatürliche Kräfte angenommen werden müssen.

Sehr viele Lähmungen sind psychisch bedingt und verschwinden spontan bei einer entsprechend starken emotionalen Einwirkung (z.B. auch religiöser Art bei einer Wallfahrt).

Wie wichtig das Vertrauen zu einem Arzt oder einer anderen Person ist, die angeblich helfen kann, hat wohl jeder schon am eigenen Leibe erfahren. Eine gewisse persönliche Ausstrahlung, eine entsprechende Festigkeit beim Behaupten der Diagnose und beim Anordnen der therapeutischen Maßnahmen wirkt bereits heilungsfördernd.

Daß es dem Kranken letzten Endes völlig gleichgültig ist, wer ihn auf welche Art geheilt hat, wurde oben bereits erwähnt.

Kriminell wird es dort, wo lebensnotwendige Operationen unterlassen oder andere wichtige ärztliche Maßnahmen unterbrochen werden, weil es der "Wunderheiler" für nötig hält. Entsprechende Todesfälle sind bekannt. Entsprechende gerichtliche Verurteilungen ebenfalls.

Magnetarmbänder oder "Wundermedaillions" schaden sicher nicht, sie helfen auf jeden Fall einem (nämlich dem Erfinder/Hersteller/Vertreiber), oft auch dem Verwender - wenn er an ihre Wirkung glaubt.

Prominente aus Film, Funk und Fernsehen werden oft als besonders glaubwürdige Zeugen angeführt, wenn es um exotische Methoden des Gesundwerdens geht - und die müssen es ja schließlich wissen!

Betreute Reisen zu den
Geistheilern
in **Brasilien** (Macumba, weiße Magie)
und den **Philippinen**

HEILPRAKTIKER

Ausbildung in der Tagesschule, Mo–Do vormittags 9–13 Uhr.
Dauer 2 Jahre. Berufsbegleitend auf Anfrage.

Unmittelbar am Hauptbahnhof!

HEILER GEGEN AIDS

Betroffene und Fachleute trafen sich in Hannover zu einer Diskussion über die Möglichkeiten von Geistheilern im Kampf gegen AIDS

Wir suchen qualifizierte und engagierte
HYPNOSETHERAPEUTEN
für dynamische Praxis in München.
Sie sollten mindestens 30 Jahre alt sein, esoterisch interessiert und bereits über Seminarerfahrung und therapeutische Erfahrung verfügen.
Wir bitten um Zuschriften mit Kurzbewerbung und Foto unter Chiffre Gew. 106 an diese Zeitschrift.

Lernen Sie HYPNOTISIEREN

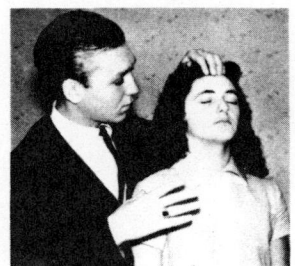

jetzt schnell und leicht mit **Garantie** erlernbar! Verblüffende Erfolge! Begeisterte Dank-Schreiben und Erfolgsberichte. Überzeugen Sie sich selbst — schreiben Sie noch heute um **Gratisbroschüre:** „Hypnotisieren lernen!"

Fast 100 Patienten mit Trick hereingelegt

Wunderheiler flog auf

Schmerzstillung durch Handauflegen versprochen — Bekannter kassierte die Honorare

DARMSTADT — Fast 100 Patienten hat ein angeblicher „Wunderheiler" von den Philippinen mit einem Trick 120 Mark aus der Tasche gezogen, bevor er aufflog.

Der 51jährige, der in einem Darmstädter Hotel „praktizierte", gab vor, durch bloßes Handauflegen Schmerzen beseitigen zu können. Seine Methode: Man müsse „Gottes Segen" auf die wunde Stelle konzentrieren und sie dann ausreißen. Tatsächlich präsentierte der Mann dem Patienten jeweils ein Fleischstück, das die Nervenstränge blockiert und so die Schmerzen ausgelöst haben sollte. Angezeigt wurde der Wunderheiler schließlich von einem Querschnittsgelähmten und einem Schwerhörigen, die den Trick entdeckten: Bei den angeblich ausgerissenen Fleischbrocken handelte es sich um Kuhfleisch, das der Mann schon vorher in der Hand hielt.

Das Honorar von je 120 Mark kassierte nach Angaben der Polizei ein Bekannter des 51jährigen, der ihn in die Bundesrepublik eingeladen und seine Reise und Unterkunft bezahlt hatte.

Nürnberger Nachrichten, 27.1.88

geistheiler

Letzte Hoffnung! Helga Feddersen bei Geistheilerin

Ein Bild, das Millionen erschütterte: Helga Feddersen, vom Krebs gezeichnet. Damals wog sie 74, heute („immerhin") schon 79 Pfund

Von DETLEF WOS

Ist ein Wunder geschehen? Helga Feddersen, die große Volksschauspielerin, die an Krebs zu erblinden drohte, kann wieder sehen. Sie sieht wieder den Elbstrand, Blumen, sogar das Kleingeld im Portemonnai. In ihrer Verzweiflung hatte sie eine Geistheilerin zu sich kommen lassen – ihre letzte Hoffnung. Die Geistheilerin legte ihr die Hände auf die Augen. Helga Feddersen (57): „Plötzlich wurde mir ganz warm. Dann sah ich ein helles Licht.

Mittwoch, 18. Mai 1988 - 50 Pf
Nr. 115/20 • DRUCK IN MÜNCHEN • C 8755 A ****

Bild
UNABHÄNGIG-ÜBERPARTEILICH

Millionen hatten Anfang März erschüttert das Foto von Helga Feddersen in BILD gesehen. Es zeigte sie ein Jahr nach ihrer Krebsoperation (ein Tumor hinter dem rechten Auge) – das Bild einer Todkranken.

Auch die Kölner Geistheilerin Erika Kindereit (42) sah es, rief ergriffen Helga an: „Ich kann Ihnen vielleicht helfen." Helga Feddersen antwortete: „Dann kommen Sie, ich hab' ja nichts mehr zu verlieren."

Erika Kindereit kam nach Hamburg und begann mit ihrer „Behandlung". Frau Kindereit: „Ich habe eine Kraft in mir, die heilende Strahlen auslösen kann. Sie strömen aus meinen Händen." Helga Feddersen: „Ich habe diese Ströme gefühlt, sie durchflossen meinen ganzen Körper."

Schon ein paar Tage später fühlte Helga Feddersen sich kräftiger. Helga: „Und dann erschrak ich richtig: Ich sah eine TV-Sendung und merkte gar nicht, daß ich keine Brille trug..."

Helga glücklich: „Seit einem Monat brauche ich auch die Astronautenkost nicht mehr, esse jetzt Getreideprodukte."

Was sagen Wissenschaftler zu dieser „Geistheilung?" Alexander Ernst vom Institut für Grenzgebiete der Psychologie in Freiburg: „Es kann durch Glauben und Willen in Menschen ein Linderungs- und Heilungsprozeß freigesetzt werden, den wir uns nicht erklären können."

Dr. Manfred Köhnlechner: „Die Grenze zur Scharlatanerie ist eng. Ein Placebo-Effekt (Wirkung durch Einbildung) ist jedoch legitim."

Skeptisch sieht es Dr. Rita Kielhorn, Vorsitzende des Bundesverbandes der praktischen Ärzte: „Spontan würde ich sagen: Unfug! Aber ich weiß, daß es Patienten gibt, die soviel Hoffnung darein setzen, daß es tatsächlich – zumindest vorübergehend – Linderungen eines Leidens gibt."

Geistheilerin Erika Kindereit: „Woher meine Kräfte kommen, weiß ich nicht, sie sind einfach da"

Neue Post, 22/88

Wenn es nicht so traurig wäre, könnte man das Ganze schlichtweg als Sommertheater bezeichnen. Wahrsagerin Erika Kindereit, die besonders Schwarzwaldklinik-Schauspieler Klausjürgen Wussow als „Hexe von Köln" noch in bester Erinnerung sein müßte, sorgte wieder einmal für einen Riesenwirbel!

Die 41jährige mit den übersinnlichen Kräften will jetzt Helga Feddersen (58), die wegen ihres Tumors angeblich auf dem rechten Auge zu erblinden drohte, geheilt haben. Von einem Wunder war sogar die Rede!

Erika Kindereit zur Neuen Post: „Ich war am 21. April bei Frau Feddersen und habe ihr meine Hände aufgelegt. Plötzlich wurde ihr warm. Und schon wenig später konnte sie ohne Brille eine Fernsehsendung sehen."

Zeugen für diese Behandlung gibt es jedoch nicht.

War Erika Kindereit dank ihrer Kräfte wirklich eine Wunderheilung gelungen oder sollte ihr beim Werben um neue Kunden der Sinn für Realitäten abhanden gekommen sein?

Neue Post wollte es genau wissen und befragte Helga Feddersen. Ihre Antwort war zunächst ein heftiges Kopfschütteln.

„Meine Gesundung ist durch die Kunst der Ärzte geschehen, mit Gottes Hilfe. Und wenn jemand meint, daß er mir noch magnetische Kräfte schicken muß, kann das nichts nützen und nichts schaden. Aber um Gottes willen, liebe Leser, vertraut auf die Kunst der Ärzte. Ohne die ist überhaupt nichts möglich!"

Etwas ruhiger geworden räumt der Fernsehstar ein: „Es ist richtig, daß Frau Kindereit kurz bei mir war. Aber es ist natürlich Unsinn, daß ich blind war, sie hereinkam, die Hand auflegte und ich wieder sehen konnte..."

Helga Feddersen erklärt, was wirklich geschah. „Frau Kindereit legte die Hand auf mein Seelengeflecht, wo auch der Masseur meine Lymphe massiert. Dann wurde es wirklich ganz warm,

Das schwere Schicksal des Fernsehstars
Helga Feddersen hat die Hoffnung nie verloren

Es geht ihr besser: Helga Feddersen (58) lacht ihren Verlobten Olli Maier an

aber diese Gabe haben manche Menschen."

Das war aber angeblich schon alles. „Ich habe nämlich zu dem Zeitpunkt überhaupt keine Sehstörungen gehabt", erzählt Helga Feddersen, „sondern war schon vorher von den Ärzten soweit wiederhergestellt, wie mich Frau Kindereit vorgefunden hat."

Nach einer Pause fügt die tapfere Schauspielerin hinzu: „Jeder braucht seine Werbung. Ich denke, daß ich da wohl von dieser Geistheilerin doch ein bißchen mißbraucht worden bin. Besonders traurig finde ich aber, daß durch diese Geschichte bei vielen todkranken Menschen die Hoffnung auf Heilung geweckt wird. Alle zwei Minuten hat bei mir das Telefon geklingelt. Alles Menschen, die an die Geistheilung glaubten, und es jetzt vielleicht selbst versuchen wollten."

Zum Glück geht es Helga Feddersen in letzter Zeit wirklich ganz gut. Sie ist auf dem besten Wege, ihr schweres Schicksal zu meistern. „Ich habe die Hoffnung nie verloren", sagt sie und erzählt strahlend weiter: „Mittlerweile esse ich Vollkornprodukte mit viel pflanzlichem Eiweiß und habe auch schon wieder etwas zugenommen." Jörn Vahl

Erika Kindereit will die Schauspielerin vor der Erblindung bewahrt haben

psi – power

"Heureka - der ASW - Beweis!"

oder:

Schon wieder der 'Ätsch - Effekt'!

Sämtliche, in den anderen Kapiteln geschilderten, Phänomene haben eines gemeinsam: Sie nehmen das Vorhandensein von Kräften an, die sinnlich nicht wahrnehmbar sind. Als Kurzformel für dieses Unbekannte hat sich die Bezeichnung **'PSI'** eingebürgert.

Die **PARAPSYCHOLOGIE** will mit wissenschaftlichen Methoden den Beweis für außersinnliche Wahrnehmungen erbringen.

Das Wort selbst besteht aus drei Teilen:
'Para' = neben, 'Psyche' = Seele, 'logos' = Lehre

Das Duden - Lexikon definiert:

"Wissenschaft von den okkulten Erscheinungen, sucht vermutete übersinnliche Kräfte (Telephatie, Hellsehen, Gedankenlesen, Materialisation, Psychokinese) methodisch und experimentell zu erfassen."

Grafisch läßt sich dies so darstellen (aus: EYSENCK, 1984):

```
        ┌─ ASW ─── Telepathie. Empfang von Informationen über eine Person in der Ferne, und zwar
        │          ohne Zuhilfenahme eines uns bekannten Sinnes oder einer logischen Schlußfol-
        │          gerung
        │
Psi ────┤          Hellsehen. Wie oben – doch geht es hier um den Empfang von Informationen über
        │          ein Ereignis oder einen Gegenstand
        │
        │          Präkognition. Ähnlicher Empfang von Informationen, jedoch ausschließlich von
        │          Ereignissen, die sich erst in der Zukunft abspielen werden
        │
        └─ Psychokinese  Der Einfluß des menschlichen Geistes auf eine andere Person, einen Gegenstand
                         oder ein Ereignis durch einen direkten Akt des Willens, ohne daß eine bislang
                         bekannte physische Kraft im Spiel wäre
```

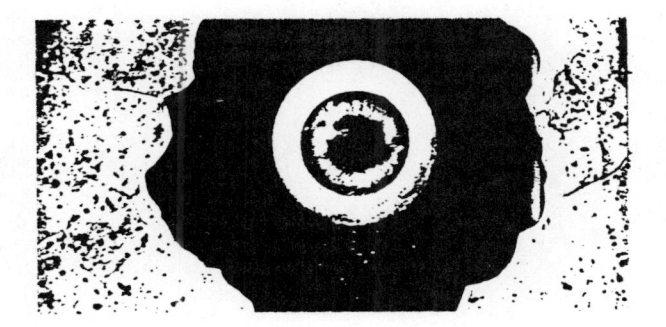

In den letzten Jahrzehnten haben sich "Wissenschaftler" vieler Länder mit diesem umstrittenen Bereich befaßt.

Der bekannteste, am meisten zitierte und am heftigsten kritisierte ist Professor **Joseph Banks Rhine**, Direktor des von ihm gegründeten Parapsychologischen Instituts der Duke University in Durham (USA).

In der Bundesrepublik Deutschland wurde 1950 von **Prof. Hans Bender** das "Institut für Grenzgebiete der Psychologie und Psychohygiene" gegründet. Er hatte von 1954 bis 1975 den ersten Lehrstuhl für "Parapsychologie und Grenzgebiete der Psychologie" an der Universität Freiburg inne. In den Medien wurde er oft als "Gespensterprofessor" bezeichnet, weil er von ihnen als "Sachverständiger" bei Spukerscheinungen oder anderen PSI-Phänomenen in Anspruch genommen wurde.

In endlos langen Versuchsreihen wurde in den parapsychologischen Labors versucht, den mathematischen Beweis für das Vorhandensein von PSI - Kräften zu erbringen. Dazu wurden sogenannte ESP- oder Zener-Karten mit einfachen Symbolen verwendet:

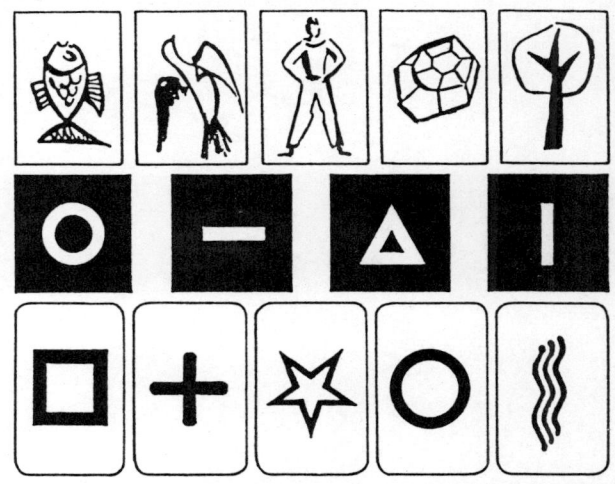

Bei quantitativen ESP-Experimenten werden durchweg Kartensätze mit fünf möglichst einfachen und einprägsamen Symbolen verwendet. Die meist gebrauchten und international anerkannten ESP-Karten der Duke-Universität heißen nach ihrem Erfinder, einem Forscher vom Rhine-Institut, auch »Zener-Karten« (unterste Reihe).

Polen verwendet Karten (mittlere Reihe), die vom Parapsychologen S. Manczarski entworfen wurden. Karten mit farbigen Bildern (obere Reihe) für Bulgarien stammen von dem Gelehrten G. Lozanow.

(Abb. aus: Keller, 1972)

psi – power

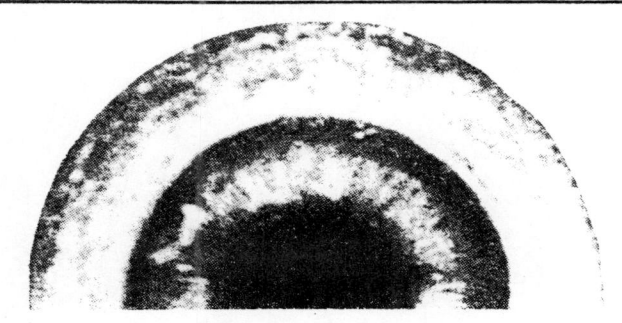

Die Vorgehensweise dabei (Grundvariante zahlreicher ähnlicher Tests) schildert Bogen (1982):

(siehe nächste Seite)

Damit hat Bogen auch gleich die Hauptvorwürfe gegen die Rhine - Versuche angesprochen. Schon kurz nach Veröffentlichung der Ergebnisse wies der Mathematiker **Prof.Dr.E.Tornier** stichhaltig nach, welche statistischen Denkfehler gemacht wurden.
Er stellte fest (zit. nach Prokop/Wimmer, 1987):

"Der Fall Rhine ist gänzlich erledigt, und man kann Gelehrte nur bedauern, die Rhine weiterhin zitieren oder gar nach seiner Methode unentwegt mit Aufwand teurer Apparate und viel Zeit stur sinnlose Zahlen produzieren."

"Die sogenannten Kontrollexperimente..." hätten *"allerdings für den Mathematiker nur humoristisches Interesse..."*

Daß Rhine von seinen Versuchspersonen ganz einfach auch betrogen wurde, zeigte der Fall des Studenten Pearce, der einmal '25 Richtige' schaffte und der Beweis des Psychologieprofessors Hansel, der im Rhine-Institut die Möglichkeit des Betrugs demonstrierte.
Rhine selbst gab wohl auch ziemlich offen zu, daß er eine 'Todsünde' des wissenschaftlichen Arbeitens begangen habe, als er 'unpassendes' Material unterschlug. Er zählte nur die guten 'runs', die erfolglosen dagegen nicht! Diese Materialselektion ist bei wissenschaftlichen Arbeiten streng verboten. Bogen: "Dann ist es allerdings ein Kinderspiel, durch Addition der positiven 'runs' < astronomische > Unwahrscheinlichkeiten zu produzieren."
Sein Nachfolger, Dr. Jay Levy, wurde im übrigen dabei ertappt, wie er die automatischen Trefferzähler bei Tierversuchen manipulierte.

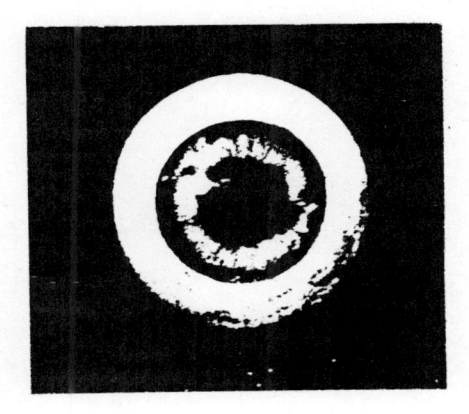

Prokop/Wimmer (1987) führen weitere Kritikpunkte an:
- *Die Kontrollmaßnahmen gegen den Betrug der Versuchspersonen waren zu lax. Beispielsweise waren bei bestimmtem Lichteinfall die Kartensymbole zu erkennen.*
- *Wer garantiert, daß nicht die Experimentatoren betrogen?*
- *Es kamen auch unbewußte Verfälschungen der Ergebnisse durch okkultbefangene Voreingenommenheit der Untersucher vor - und Rhine ist überzeugter Okkultist. Zweifler erhielten meist negative Resultate.*
- *Bei Anwesenheit der Versuchspersonen im selben Raum waren Wahrnehmungen durch unbewußtes Flüstern oder Muskellesen möglich.*
- *Die Versuchsreihen wurden sofort abgebrochen, wenn "Leistungsabfall" eintrat, d.h. sie wurden stets in der Hausse beendet - Verfälschung der Statistik.*
- *usw.*

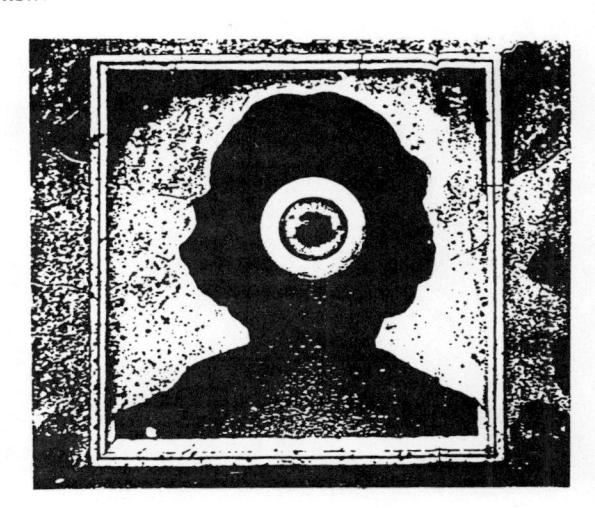

Nachzutragen bleibt:

* Bis heute sind die Geldpreise in respektabler Höhe (z.B. 10 000 Dollar, 100 000 DM), die von James Randi und verschiedenen Zeitungen für den kontrollierten Nachweis einer echten PSI - Leistung ausgesetzt wurden, noch nicht ausbezahlt worden!
* "Auch bei der Auswertung einer großen Menge erstklassiger wissenschaftlicher Quellen" habe sich "kein Nachweis" für außersinnliche Wahrnehmung und Psychokinese ergeben. Die mittlerweile 130 Jahre währenden Versuche von Wissenschaftlern, die Existenz der geheimnisvollen PSI - Phänomene wissenschaftlich zu belegen, hätten sich als lückenloser Fehlschlag erwiesen.
(zit. nach: Der Spiegel 2/88)

Wer dies feststellt? Das amerikanische Verteidigungsministerium! Da es leider so ist, daß sich das Militär wissenschaftlicher Erkenntnisse jeglicher Art sofort bemächtigt (und mit großen finanziellen Möglichkeiten aufwarten kann), wenn sie "vielversprechend" sind, steht hier ein vernichtendes Urteil für die Parapsychologie ins Haus.

psi – power

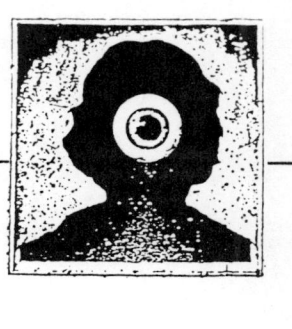

Fünf verschiedene Karten, mit einem Kreis, einem Kreuz, einem Quadrat, mit Wellenlinien und einem Stern gekennzeichnet, sind je fünfmal vertreten. Sie werden gemischt und nacheinander vom Versuchsleiter aufgenommen, ohne daß die Versuchsperson (das Medium) die Symbole erkennen kann. Das Medium hat vor sich eine Fünferreihe mit den fünf verschiedenen Symbolen liegen und versucht nun, zu »erraten« oder durch »Außersinnliche Wahrnehmung« (ASW oder ESP = Extransensory Perception) herauszubekommen, welche Karte der Versuchsleiter aufgenommen hat. Jede Angabe des Mediums wird registriert. Der Versuchsleiter führt seinerseits gleichfalls Protokoll über die aufgelegten Karten; beide werden verglichen, Übereinstimmung und »Fehlleistung« markiert.

Die entscheidende Überlegung ist nun folgende: Wenn alles nur per Zufall läuft, dann ist bei einem Durchgang von 25 Karten (einem *run*) fünfmal Übereinstimmung zu erwarten = 20 Prozent, zwanzigmal keine Übereinstimmung = 80 Prozent. Alles, was über die 20 Prozent Übereinstimmung hinausgeht, kann dann nicht mehr zufällig sein, sondern muß (!?) auf Psi-Kräfte zurückgeführt werden. Dazu bedarf es allerdings sehr vieler Durchgänge. Bei einem einzelnen *run* können rein zufällig sechs oder acht »Erfolge« auftreten, aber auch drei oder gar keiner. Das sagt überhaupt nichts. Denn erst wenn man viele Durchgänge macht, hundert oder vielleicht tausend, heben sich die echten Zufallsabweichungen nach oben und nach unten gegenseitig auf.

Die Mathematiker haben verschiedene Methoden bzw. Formeln entwickelt, mit denen man den Zufall sozusagen berechnen und Überzufälliges sicher herausfinden kann. Das ist die sogenannte Standardabweichung. Mit ihrer Hilfe läßt sich ausrechnen, wie groß die »natürliche« = zufällige Streuung um den Mittelwert ist. Was darüber hinausgeht, ist allerdings noch nicht eine *gesicherte* Abweichung. Um *die* herauszufinden, bedarf es weiterer Formeln. Erst dann darf man sagen, die Abweichung ist signifikant – die Abweichung ist statistisch gesichert.

Streng genommen handelt es sich offensichtlich um eine *Wahrscheinlichkeits*rechnung; den *Zufall* kann man (per definitionem!) *nicht* berechnen. Wer es dennoch tut (oder zu tun vorgibt), sagt nichts anderes als dies: Wir treffen eine Übereinkunft derart, daß es *wahrscheinlich* kein Zufall ist, wenn das und das so und so ist. In den Naturwissenschaften hat sich eine Signifikanzgrenze eingebürgert: Die *Wahrscheinlichkeit*, daß das abweichende Ergebnis dennoch rein zufällig ist, ist 1 zu 100. Andere sprechen von 99 Prozent Signifikanz oder der Wahrscheinlichkeit $p = 1$ Prozent oder $p = 0{,}01$ oder $p = 10^{-2}$ (was alles auf dasselbe hinausläuft). Es ist also tatsächlich eine Wahrscheinlichkeitsrechnung, und damit kommen alle ihre Risiken ins Spiel.

Was bei Rhines Versuchen herauskam, war ganz erstaunlich und, wenigstens auf den ersten Blick, sensationell. Aus zahlreichen Versuchsreihen ließen sich »Unwahrscheinlichkeiten« von $p = 10^{-6}$ und mehr herausrechnen. In die Umgangssprache übersetzt, heißt das, die Wahrscheinlichkeit, daß das Ergebnis reine Zufälligkeit widerspiegelt, ist 1 zu einer Million. Aber auch Milliarden- und Billionenwerte wurden ermittelt. Wenn also *nur* der Zufall im Spiel ist, findet sich unter einer Million (Milliarde, Billion) 25er Durchgänge nur ein einziger *run* mit dem notierten hohen Rateerfolg. Folgerung: Die Karten *müssen* mit außersinnlicher Wahrnehmung erkannt worden sein, also mit Psi-Kräften. (Anmerkung: Die Wahrscheinlichkeitsrechnung vermag nicht »vorauszuberechnen«, *wann* dieser millionenste Fall eintritt – das kann beim ersten *run* sein, beim 780. oder beim 999 999. *run*. Vgl. hierzu die Rouge-Serien in Monte Carlo von S. 81).

Gleich nachdem Rhine seine ersten Ergebnisse publizierte, erhob sich ein heftiger Gelehrtenstreit. Viele Mathematiker lehnten Rhines Berechnungen als falsch bzw. unzulässig ab, andere glaubten, da sei gemogelt worden, weil das Medium unter gewissen Lichtverhältnissen sehr wohl die Karten des Versuchsleiters habe erkennen können. Wieder andere argwöhnten, Versuchsperson und Versuchsleiter steckten unter einer Decke. Aber es gab auch viele, die Rhine bescheinigten, daß seine Auswertung mathematisch einwandfrei sei. Und so ist es bis auf den heutigen Tag geblieben; noch immer gelten die Ergebnisse der Rhine-Schule als umstritten.

psi – power

AB 41

Lotto

44 Sechser und 22 617mal fünf Richtige
Der Zufall drückte erneut Lottogewinn
Tipper hatten Zahlen auf dem Schein, die am Mittwoch vorher gezogen worden waren

KÖLN – Nach dem Rekordsechser im Januar, den sich 222 Tipper teilen mußten, hat am vergangenen Wochenende erneut ein Zufall die Lottogewinne nach unten gedrückt.

Weil am Samstag abend nahezu die gleichen Zahlen gezogen wurden wie drei Tage zuvor im Mittwochslotto, und viele noch einmal auf diese Zahlen gesetzt hatten, gab es 44 Sechser. Die Gewinner konnten deswegen „nur" 176 692,80 Mark einstreichen. Immerhin war das aber mehr als das Doppelte von dem, was auf die 222 Gewinner im Januar entfiel (84 803,90 Mark). Damals hatte ein „Riesenjackpot" von rund 15 Millionen Mark die Lottospieler gereizt und zur größten Gewinnerzahl aller Zeiten geführt.

Ganz mager fiel der Gewinn diesmal für die Fünfer aus, den nicht weniger als 22.617 Spieler auf ihrem Zettel hatten. Dafür gab es nur kärgliche 515,60 Mark.

Nürnberger Nachrichten, 16.3.88

Nur 85 000 Mark im ersten Rang
222 enttäuschte Lotto-Könige
Ein Tipper aus Mittelfranken kreuzte gleich zehnmal sechs Richtige an

HAMBURG – Deutschlands Lottospieler kommen aus dem Staunen nicht mehr heraus: Sorgte in der Samstagsziehung eine „verrückte" Zahlenreihe für Gesprächsstoff, müssen sich nach der Auszählung 222 Tipper die 18,6 Millionen Mark im ersten Rang teilen. Die Quote für die Gewinner liegt bei nur 84 803,90 Mark.

Während sich viele der frischgebackenen Lotto-Könige darüber ärgern werden, daß soviele Sechser Rekordquoten verhinderten, kann ein Wettfreund aus Mittelfranken über eine Million Mark jubeln. Er hatte die ungewöhnliche Kombination 24, 25, 26, 30, 31, 32 auf seinem Tippzettel gleich zehnmal angekreuzt. Weitere Angaben zur Person des Glückspilzes durfte die Staatliche Lotterieverwaltung in München nicht machen.

Insgesamt entfielen auf Mittelfranken rund 15 der 48 bayerischen Gewinne. Der Freistaat lag damit an erster Stelle vor Nordrhein-Westfalen mit 46 Sechsern. Auch im kleinsten Bundesland Bremen dürfen sich noch drei Lottogewinner freuen.

In der deutschen Lotto-Geschichte gibt es nur einen vergleichbaren Fall: Im Juni 1977 landeten 205 Tipper den Haupttreffer und mußten sich mit rund 30 000 Mark begnügen. Damals hatten viele im niederländischen Grenzgebiet einfach die Zahlen der Vorwoche vom Nachbarstaat übernommen und damit Glück gehabt.

Weil in der vorhergehenden Ziehung kein Sechser dabei war, war am Samstag mit 18,6 Millionen Mark eine Rekordsumme zu gewinnen. In der vergangenen Woche versuchten deshalb rund 70 Prozent mehr Bürger als üblich ihr Glück, was den Lotterie-Gesellschaften eine Umsatzsteigerung von etwa 50 Prozent bescherte.

Lotto-Experten führten die ungewöhnlich hohe Zahl von Sechsern auf den sogenannten Strickmustertip zurück. Viele Tipper zeichnen mit ihren Kreuzen geometrische Muster oder auch Buchstaben auf ihre Scheine. Die Chance den Haupttreffer zu landen, liegt statistisch bei 1 zu 14 Millionen.

Unterdessen forderten Politiker von Union und FDP einen Höchsteinsatz von 1000 Mark pro Spieler. Der CDU/CSU-Fraktionsvize Otto Zink meinte: „Wir dürfen nicht zulassen, daß Arbeitnehmer im Lotto-Fieber einen ganzen Monatslohn verspielen." (Siehe auch „Aktuell" Seite 2).

Nürnberger Nachrichten, 26.1.88

Jahrhundertereignis in der Spielbank

BAD DÜRKHEIM – Helle Aufregung und Fassungslosigkeit am Roulettetisch in der Spielbank der pfälzischen Stadt: Fünfmal hintereinander war die Elfenbeinkugel auf die Nummer 23 gefallen. Ein Jahrhundertereignis: Nach den Gesetzen der Wahrscheinlichkeit nämlich beträgt die Chance für eine derartige Wiederholung 1:69 Millionen. Zum Vergleich: Die Aussichten auf einen „Sechser" im Lotto betragen rein rechnerisch „nur" 1:13 800 000. Die Direktion der Spielbank Bad Dürkheim erzählte später, daß zahlreiche Gäste die ungewöhnliche Serie in wachsender Erregung verfolgten und schließlich „bergeweise auf die 23 setzten". Jeweils weit über 100 000 Mark wurden an die Gewinner ausgezahlt.

Nürnberger Nachrichten, 7.3.88

Ist ja eigentlich unmöglich, oder ...?

"Nicht Wünschelrute, nicht Alraune, die beste Zauberei liegt in der guten Laune!"

Goethe (wer sonst?)

In diesem Kapitel werden vier Erscheinungen behandelt, die für den Laien auf den ersten Blick wenig Gemeinsames haben:

- **Pendel**
- **Gläserrücken**
- **Wünschelrute**
- **schreibendes Tischchen**

Der **Grund** dafür liegt darin, daß die physiologischen/medizinischen/biologischen/psychologischen Ursachen der vier okkulten Techniken nahezu gleich sind.

Wer das Pendel auf seine natürlichen Grundlagen zurückführen kann, der ist auch in der Lage, das vor allem bei den Jugendlichen so beliebte "Gläseln" oder "Gläserrücken" zu erklären. Dies gilt in gleichem Maße für das schreibende Tischchen (die Planchette).

Wer sich dann vollends bei seiner Verwandtschaft und vielen Bekannten unbeliebt machen will, kann mit den erworbenen Kenntnissen, dem beigelieferten Material und den Literaturhinweisen auch das Wünschelrutenphänomen und die gesamte Radiästhesie angehen. (Warum das so ist? Probieren Sie es aus und behaupten Sie in einem geselligen Kreis, daß Sie das Wünschelrutengehen für okkult halten und auf seine natürlichen Grundlagen zurückführen können, weil Sie ein neues Buch aus dem Verlag "Die Schulpraxis"...!)

Schwerpunktmäßig wird es hier um das **Siderische Pendel** gehen, denn damit kann man überzeugende Experimente durchführen, die eigentlich für jeden logisch denkenden Menschen beweiskräftig sind.

Dies ist bei den anderen Techniken nicht möglich, da sie eine entsprechend emotionale Gestimmtheit und bestimmte äußere Bedingungen voraussetzten.

Nach Aussage von "echter" Pendel-, Ruten-,......Literatur kann man mit Hilfe dieser Techniken / Geräte z.B. folgende Leistungen erbringen:

Man kann feststellen:

- ob ein Mensch lebt oder tot ist (mit Hilfe von Photos),
- wo sich im Körper Krankheitsherde befinden,
- welches Geschlecht ein ungeborenes Kind hat,
- ob Schmuck echt ist,
- wo sich vermißte Personen befinden (Stadtplan o.ä.),
- welches Medikament zu einem Menschen paßt,
- ob ein anderer Mensch ein geeigneter Partner ist,
- wo sich verlorene Gegenstände befinden,
- wann man selbst sterben wird,
- wer ein Verbrechen begangen hat,
- wo vermißte Schiffe untergegangen sind,
- wo sich Bodenschätze befinden,
- welcher Beruf zu einem paßt,
- welche zukünftigen Ereignisse bevorstehen,
- welches Urlaubsziel richtig ist,
- ...

Diese Aufzählung ist ein kleiner Teil dessen, was "möglich" sein soll.

Als **Antwort** erhält man entweder ein "Ja" oder ein "Nein" oder bei Verwendung eines sog. Ouija - Brettes ganze Wörter bzw. Sätze.

DAS SIDERISCHE PENDEL

Der beliebte Aufsatzbeginn "Schon die alten Römer..." trifft hier wirklich zu, denn bereits der römische Geschichtsschreiber Marcellinus berichtet im 4.Jahrhundert n.Chr. von Verschwörern, die mit Hilfe des Pendels den Tod des herrschenden Kaisers Valens und dessen Nachfolger feststellen lassen wollten. Dazu wurde ein Ring an einem festen Faden über einen Kessel gehalten, in dessen Rand Buchstaben eingegraben waren. "Und nachdem wir die Götter angerufen, begann der Ring in sanften Schwingungen bald an diesen, bald an jenen Buchstaben zu schlagen."

Die Verwendung dieses okkulten Gerätes läßt sich seither vielfältig nachweisen, bis in die jüngste Vergangenheit des 2.Weltkrieges, als es geplant war, das Pendel im Rahmen einer "Prüfstelle" bei der Kriegsmarine einzusetzen. Daß es nicht dazu kam, war auf die negativen Ergebnisse von Versuchsreihen zurückzuführen.

Die Bezeichnung "**Siderisches**" Pendel wird verschieden abgeleitet:
- von "Desiderium" = Wunsch, Sehnsucht oder
- "als den Sternen zugehörig" (wobei Sterne ursprünglich gleichbedeutend mit geheimnisvollen, schicksalsbestimmten Kräften waren)

"Dem Phänomen nach handelt es sich um das In-Schwingungen-Geraten eines an einem Faden hängenden Ringes oder Lotes, das die Versuchsperson ruhig zwischen Daumen und Zeigefinger hält. Zu dieser Grundanordnung gibt es zahlreiche Modifikationen hinsichtlich des Pendels als auch der Art, es zu halten... Wesentlich ist das von Menschenhand freihängend gehaltene Pendel. Ein auf einem Gestell befestigtes Pendel schlägt nicht aus."
(Reimann, in: Prokop 1977)

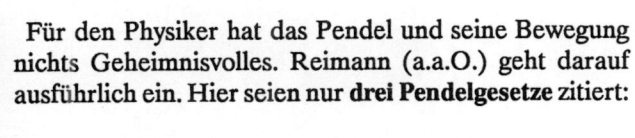

Für den Physiker hat das Pendel und seine Bewegung nichts Geheimnisvolles. Reimann (a.a.O.) geht darauf ausführlich ein. Hier seien nur **drei Pendelgesetze** zitiert:

1. Die Schwingungsdauer ist proportional der Quadratwurzel aus der Pendellänge, aber umgekehrt proportional der Quadratwurzel aus der Fallbeschleunigung (g).
2. Die Schwingungsdauer ist unabhängig von Stoff, Gewicht und der Masse des Pendelkörpers (bei der Voraussetzung fehlenden Luftwiderstandes).
3. Die Schwingungsdauer ist unabhängig von der Größe der Amplituden (innerhalb kleiner Amplituden).

Beim **Befragen des Pendels** werden die beiden grundsätzlichen Bewegungsarten (mit Variationen) herangezogen: Das Pendel schwingt hin und her oder im Kreis.

Damit sind Antworten auf Fragen möglich, die "Ja" oder "Nein" zur Folge haben. Will man Wörter oder Sätze, muß man das Pendel über einen Buchstabenkreis (mit Zahlen) halten und die Buchstaben notieren zu denen das Pendel schwingt (also wie die alten Römer..., s.o.).

Was sonst **unter** dem Pendel liegt, hängt von der Frage ab. Es sollte nach Möglichkeit etwas Persönliches sein, wie z.B. ein Brief, ein Photo, eine Haarlocke...

Beim "Okkultgerät Pendel" stellen sich in bezug auf eine (auf natürlichen Grundlagen basierende) Erklärung zwei Fragen:

1. Warum <u>bewegt</u> sich das Pendel?
2. Warum bewegt es sich <u>so, wie</u> es erstaunlicherweise <u>geschieht?</u>

Zu Frage 1)

Wie oben bereits angeführt, bewegt sich ein (z.B. über einem Stativ) aufgehängtes Pendel nicht. Deshalb liegt nahe, die Bewegungsursache beim Menschen zu suchen. Schon 1640 wurde vom Jesuitenpater Athanasius Kircher vermutet, daß unwillkürliche Muskelbewegungen die Ursache sind.

Tatsächlich wirken mehrere Punkte zusammen, damit sich die (sehr oft erstaunlich klaren) Pendelbewegungen ergeben:

1. Ein von den meisten Menschen vermuteter "Ruhezustand" der Muskeln ist nicht zu erreichen. Auch bei völlig bequemem, abgeschlafftem, entspanntem Sitzen, Liegen oder Stehen besteht der Muskeltonus bzw. die Muskelspannung trotzdem! Einzelne Muskelfasern sind also immer angespannt, was sich durch meßbare Erregungsimpulse beweisen läßt. Auch die Haltearbeit des Pendels ist ein aktiver Vorgang, selbst wenn der Ellbogen aufgestützt und die Einzelkondition des Halters noch so gut ist.

Wenn dem aber so ist (und dem ist tatsächlich so!), dann tritt früher oder später das ein, was bei Muskeltätigkeit immer eintritt: Ermüdung.

Und was passiert bei Ermüdung?: Muskelzittern!
Und was passiert dann beim Pendel?: Richtig!

Trotzdem mag der eine oder andere Pendler schwören, daß er das Pendel absolut ruhig hält (bzw. beim Gläserrücken nicht "schiebt") - feine Meßgeräte und Hochgeschwindigkeitsfilmaufnahmen können das Gegenteil beweisen!

Den "Intentionstremor" (Anspannungszittern) kennt jeder, der schon einmal ein Gewehr in der Hand hatte: Je länger man vor dem Abdrücken zielt, desto mehr zittert der Lauf.

<u>**ERGEBNIS 1: Unbewußte Muskelbewegungen**</u>

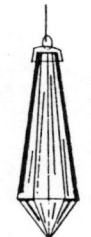

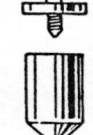

pendeln

2. Sehr schön läßt sich beim Pendel ein weiteres Phänomen beobachten: Das der Resonanz, der Aufschaukelung.

Bei vielen guten "Pendelmedien" kommt es sehr schnell zu sehr schönen Bewegungen (meist zu deren großen Verblüffung), d.h. das Pendel beginnt mit kleinen Kreisen, die immer größer werden.

Wenn immer im gleichen Rhytmus der gleiche Schwingungsanstoß hinzukommt, ist dies auch kein Wunder. Jeder kennt das von der Schiffschaukel auf dem Jahrmarkt, bei der geschickte Kinder es zu beträchtlichen Weiten bringen.

Auch das Beispiel von den marschierenden Militärkolonnen, die vor Brücken den Gleichschritt aufgeben müssen (weil sonst die Brücke mitschwingen und einstürzen kann), ist allgemein bekannt.

<u>**ERGEBNIS 2: Resonanz wirkt verstärkend**</u>

3. Ein neues Pulsmeßgerät funktioniert, indem man den Finger in eine Öffnung steckt. Warum? Weil selbstverständlich der Pulsschlag nicht nur am bekannten Handgelenk oder am Hals auftritt, sondern überall.

Die **Kapillarpulswellen,** die in den Fingern ebenso vorhanden sind, wirken als kleinste rhytmische Bewegungsimpulse ebenfalls verstärkend. Sie sind logischerweise auch nicht anhalt- oder abschaltbar.

<u>**ERGEBNIS 3: Kapillarpulswellen wirken verstärkend**</u>

4. Auch grobmotorische Einflüsse sind spürbar: Die **Atmung** ist ebenfalls vom Gewehrschießen her als störend bekannt. Dort muß **dann** abgedrückt werden, wenn ein möglichst ruhiger Zustand des Armes und des Brustkorbes erreicht ist, also beim Ausatmen. Über den langen Hebelarm des Armes und der Pendelschnur übertragen sich die Atembewegungen natürlich optimal, so daß sich ein minimaler Ausschlag am Drehpunkt stark am anderen Hebelende vergrößert.

<u>**ERGEBNIS 4: Die Atmung wirkt verstärkend**</u>

5. Reimann (in Propkop 1977) weist ferner intensiv (und für den medizinischen Laien nicht leicht verständlich, aber überzeugend) auf einen weiteren wichtigen Punkt hin: "Schon die Tatsache, daß Emotionen in die schon betrachteten Abläufe von Puls und Atmung vorwiegend frequenzsteigernd eingreifen, zeigt die Komplexität der Phänomene und weist auf übergeordnete impulsgebende Zentren. Der Pendler ist kein Apparat und sein emotionaler Tonus, etwa Erwartungsspannung, Ungeduld, und andere psychische Spannungen drängen zu effektorischer Manifestierung..."

<u>**ERGEBNIS 5: Daran, daß sich das Pendel bewegt, ist nichts Übernatürliches!**</u>

Zu Frage 2)

Für denjenigen, der zum ersten Mal mit einem Pendel konfrontiert wird, das auf Fragen "richtig" antwortet, ist natürlich besonders interessant, **warum** das Pendel so schwingt.

Schuld daran ist
Der Carpenter - Effekt

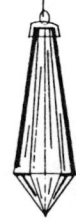

Der Mediziner (Reimann, a.a.O.) drückt das so aus (keine Angst: später wird es verständlicher!):
"Alle diese Bewegungsimpulse jedoch können als Teilfaktoren der Ideomotorik (Carpenter 1852) subsumiert werden. Der Carpenter - Effekt besteht darin, daß **jede Bewegungsvorstelleung einen Antrieb zum Vollzug dieser Bewegung einschließt** (Hervorhebung durch Verf.). So konnten erstmals Allers und Scheminzky 1926 nachweisen, daß bei Bewegungsvorstellung Aktionsströme in der betreffenden Muskulatur auftreten. Lebhafte Vorgänge in der Hirnrinde zeigen die Neigung, sich auszubreiten, zu irradiieren, wobei besonders motorische Rindenzentren induziert werden. Auf solche Weise greifen besonders lebhafte Sinneseindrücke ohne Beteiligung des Bewußtseins auf motorische Zentren über. Der Turm eines gotischen Domes 'reißt' den Blick nach oben, und temporäre Verbindung im Sinne Pawlows zwischen der entsprechenden Kopf- und Augenlidbewegung und dem Sinneseindruck vom Auge her hat zur Folge, daß auch bei Vorstellung des Turmes und Sprechen des Wortes Turm ("2. Signalsystem") der Kopf und die Augenlider gehoben werden. Turm und Augenstellung sind auf dem Wege sensomotorischer Koppelung fest miteinander assoziiert oder bedingt reflektorisch verbunden.

Besonders augenfällig ist dieser Effekt, wenn fast regelmäßig zur Beschreibung einer Wendeltreppe charakteristische Hand- und Fingerbewegungen zu Hilfe genommen werden, oder wenn Kinder zur Beschreibung eines dicken Menschen entsprechend charakteristische Gesten machen... Jeder weiß außerdem, daß das Gähnen "ansteckend" ist, d.h. der Anblick eines herzhaft gähnenden Menschen oder selbst nur die lebhafte Vorstellung des Gähnens eine synkinetische Innervation der entsprechenden Kiefermuskeln zur Folge hat."

Bitte lesen Sie diesen Auszug aus dem "Medizinischen Okkultismus" (Propkop, 1977) nochmals! In ihm steckt alles, was Sie zur Erklärung des Pendel-, Ruten-, Gläserrückenphänomens wissen müssen!

pendeln

Zur Verdeutlichung des Carpenter - Effekts nochmals einige konkrete Beispiele, die Sie aus Ihrer Erfahrung (meist) bestätigen können:

Kernpunkt: "Jede Bewegungsvorstellung setzt sich um in eine Bewegungsdarstellung!"

* "Hellseher" können folgende Leistungen erbringen: Sie lassen sich die Augen verbinden. Während der "Meister" außerhalb des Raumes ist, wird vom Publikum eine Person bestimmt, die einen bestimmten Gegenstand in eine bestimmte Tasche steckt. Wenn der Hellseher wieder in den Saal kommt, kann er Person und Gegenstand herausfinden (auch wenn er kein Signal von einem eingeweihten Helfer erhält - was eine andere Möglichkeit wäre!).
Wie das?
Er benötigt ein (nicht eingeweihtes) "Medium", d.h. einen anderen Zuschauer, der weiß, wo sich der versteckte Gegenstand befindet. Der "Hellseher" faßt dessen Hand (oder einen Stab, den beide festhalten) und geht mit ihm im Saal umher. Aus den unbewußten Reaktionen, kleinsten Bewegungen seines "Helfers" kann der geschulte Zauberkünstler (denn nichts anderes ist er!) erkennen, in welche Richtung er zu gehen hat. Mit dem sog. Muskellesen (Cumberlandismus) arbeiten viele Wahrsager und Hellseher.

* Viele Skiunfälle (manche Leute behaupten sogar: die meisten) passieren am letzten Tag des Skiurlaubes bei der letzten Abfahrt. Warum? Oben am Berg: "Also, wenn ich mir jetzt noch ein Bein brechen würde, weil ich unglücklich stürze, dann wäre es doch wirklich saublöd!" (Entschuldigung, aber so denkt man halt!) Bumms, schon ist es passiert!

* Immer wieder gibt es Menschen, die Unfälle magisch anziehen, die sog. "Unfäller". Belegt ist, daß Menschen, die einmal einen Unfall hatten, häufiger erneut einen Unfall (oft des gleichen Typs!) erleiden, als Menschen, die unfallfrei sind. Diese Personen begeben sich in die Unfallsituation hinein, gerade weil sie daran denken. Am Straßenrand, einige Wochen nach einem Unfall: "Jetzt stehe ich also wieder da, wie neulich. Und jetzt kommt tatsächlich wieder so ein roter Ford. Wenn ich jetzt wieder wie damals einfach auf die Straße..." Bumms, schon wieder passiert!

* Kinder, die Fahrradfahren lernen: "Paß auf, du hast hier einen riesigen, völlig freien Platz zur Verfügung! Nirgendwo ein Hindernis. Nur in der Mitte - da mußt du aufpassen - da liegt ein Pflasterstein. Über den darfst du nicht fahren, sonst fällst du runter!" Was passiert? Schnurstracks fährt das Kind auf den Stein zu - es kann gar nicht anders!
Ähnliches ist auch beim Lernen des Skifahrens zu beobachten: Der einzige Baum weit und breit...

* Wie sitzen Sie beim Fernsehen, wenn ein packender Action - Film läuft? Beobachten Sie sich selbst bei einer spannenden Verfolgungsjagd!
Oder sind Sie Box - Anhänger?
Was tun Sie, wenn bei den olympischen Spielen der deutsche Hochspringer den letzten Versuch hat, von dem alles abhängt, und er anläuft und springt und und und... - richtig Sie "gehen mit"!
Sie vollziehen selbst (größere oder kleinere) Bewegungen, die eigentlich nur in der Vorstellung vorhanden sind.

* Kennen Sie das Kuppelkino auf dem Volksfest, in dessen Mitte man steht, wenn auf der riesigen Leinwand eine Achterbahnfahrt dargestellt wird? Obwohl man festen Boden unter den Füßen hat, kann man doch nur schwer das Gleichgewicht halten.

* Bei experimentellen Untersuchungen stellt man fest:
- auf das Kommando "Faust ballen" fließen Aktionsströme;
- auf den Hinweis: "Stellen Sie sich vor, wie Sie die Faust ballen," fließen ebenso Aktionsströme;
- auf den Gedanken: "Jetzt will ich die Faust ballen," fließen Aktionsströme. q.e.d.

Finden Sie (und Ihre Schüler) weitere Beispiele?

Wenn dem so ist (und dem ist so!): Wer gibt denn dem Pendel das Kommando, sich in der bestimmten Art und Weise zu bewegen?

Die Antwort fällt jetzt leicht: Man selbst oder eine andere Person gibt die Anweisung dazu (siehe dazu die unten angeführten Experimente). Es handelt sich also um **Autosuggestion** oder um **Fremdsuggestion**!

Das Pendel bewegt sich so, wie es der Pendler will!

Damit wird auch klar, daß sich das Pendel sehr wohl eignet, um Verdrängtes / Vergessenes wieder aus dem Unterbewußtsein "hochzuholen".

Die Frage etwa: "Ist dieser Partner für mich geeignet?" wird natürlich beantwortet, und zwar so, wie es der Pendler unbewußt will. Wurde vorher als Zeichen für "ja" die Kreisbewegung festgelegt (und für "nein" eine Hin- und Herbewegung), so ist daran wiederum nichts Übernatürliches!

Mit dem Pendel / dem Gläserrücken aber in die Zukunft schauen zu wollen, ist reiner Aberglaube, der noch dazu fatale Folgen haben kann (vor allem bei Jugendlichen; siehe dazu das Material im Anhang!).

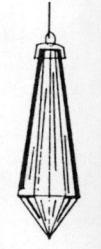

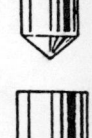

pendeln

PENDEL - EXPERIMENTE

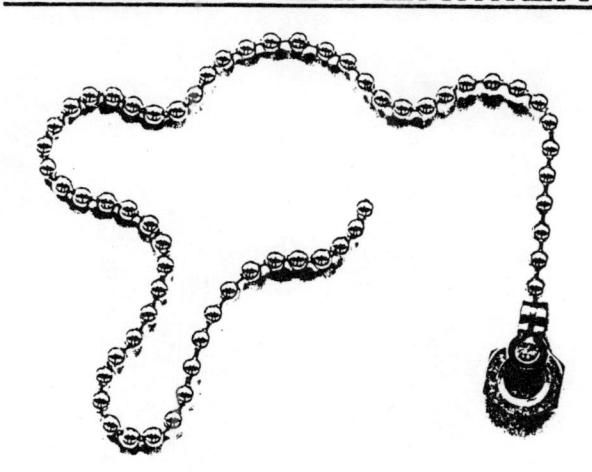

Selbst hergestelltes Pendel für die folgenden Pendelversuche, bestehend aus Waschbeckenkette und Schraubenmutter.

1. Mann oder Frau

Vorbereitung:

* stellen Sie einige Pendel her (Faden und Ring, Waschbeckenkette und Mutter...)
* fertigen Sie zwei Folien nach den Kopiervorlagen 1 und 2 an (siehe Anlage), wenn Sie einen Overheadprojektor zur Verfügung haben
* Schneiden Sie aus Versandhauskatalogen etliche Frauen- und Männerbilder aus (jeder Pendler sollte mindestens je zwei haben)

Durchführung:

* Teilen Sie die Gruppe, mit der experimentiert werden soll, in zwei Teile.
Eine Kleingruppe verläßt den Raum, mit der zweiten wird gependelt
* Demonstrieren Sie der ersten Gruppe die Handhaltung des Pendels.
* Legen Sie die erste Folie auf und suggerieren Sie (ohne kritischen Unterton zunächst!), wie sich das Pendel über Männer- bzw. Frauenbildern bewegt. "Das ist halt so! Das Pendel weiß selbst, was es zu tun hat!"
* Lassen Sie die Gruppe experimentieren. Bild unter das Pendel legen, schwingen lassen.
Bilder wechseln - Pendel ändert Bewegungsrichtung!
Mehrmals durchprobieren!
* Merken Sie sich ein "gutes Medium" für das zweite Pendelexperiment!
* Pendel wieder wegpacken lassen!

2. Die Pendelkette

* Ein "gutes Medium" (siehe Experiment 1) kommt mit dem Pendel vor die Gruppe.

* Das Pendel wird stehend in eine geschlechtsspezifische Schwingung gebracht (d.h. bei einem Mädchen bewegt sich das Pendel...)

* Ein andersgeschlechtlicher Teilnehmer (sprachlicher Schwachsinn, ich weiß!) nimmt nun das freie Handgelenk des Pendlers - sofort ändert das Pendel seine Bewegungsrichtung!
* An das Handgelenk des Zweiten greift nun ein andersgeschlechtlicher Dritter (...s.o.) usw.

D.h., es stehen immer abwechselnd Männchen, Weibchen, Männchen...bzw. Weibchen, Männchen, Weibchen -...

* Wenn die Kette wieder aufgelöst wird, ändert das Pendel bei jedem Kettenglied weniger seine Richtung, bis zum Schluß der Pendler wieder allein steht.

Nun werden die Gruppen gewechselt!

Während des Wechsels tauschen Sie die Folie mit den suggerierten Bewegungsrichtungen aus!!

Mit der zweiten Gruppe wird derselbe Ablauf durchgeführt (nur die Bewegungsrichtungen des Pendels sind genau umgekehrt!).

Auswertung

Holen Sie beide Gruppen zusammen und lassen Sie je einen Teilnehmer berichten, was geschehen ist.

Für die nächsten zehn Minuten haben Sie Pause!

Bevor die gegenseitigen Beschimpfungen (wer recht hat!) in handfeste Tätlichkeiten ausarten, schreiten Sie ein.
Es ist jetzt ein idealer "fruchtbarer Moment" (Copei) für die Erarbeitung der natürlichen Grundlagen geschaffen!

Grundsatz dabei:
Wenn sich das Pendel selbst innerhalb von 15 Minuten um 100% widerspricht, dann muß etwas "faul" sein!

Abschließend können Sie einen **Kontrollversuch** erarbeiten lassen, mit dem die Beweisführung hinsichtlich der Pendelkette erbracht werden kann.
Verwenden Sie dazu z.B. die Kopiervorlage 3 als Folie. Eine große Papiertüte ist besser als ein Tuch zum Verbinden der Augen! Daß Sie dazu ein noch nicht aufgeklärtes Medium (z.B. den Kollegen / die Kollegin der Nachbarklasse) nehmen müssen, ist ja wohl klar, oder?

Achten Sie auf Fehlermöglichkeiten: Reihenfolge vorab per Zufall bestimmen lassen; wenn Stöckelschuhe traben, gehört keine Hellseherfähigkeit dazu, zu erraten..

Das Siderische Pendel

- Pendel ruhig halten
- nur daran denken:

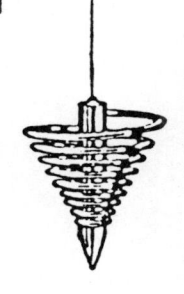

bei **MÄNNLICH**

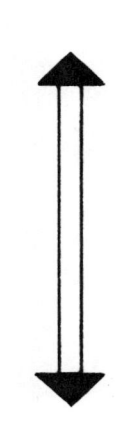

Pendel geht HIN UND HER

bei **WEIBLICH**

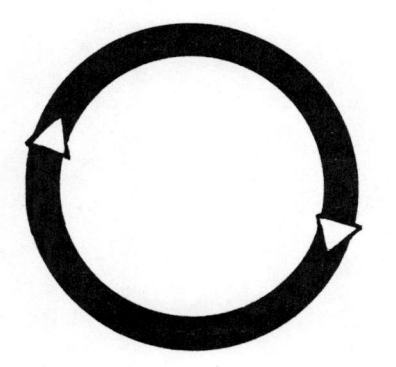

Pendel im KREIS

Das Siderische Pendel

- Pendel ruhig halten
- nur daran denken:

bei MÄNNLICH

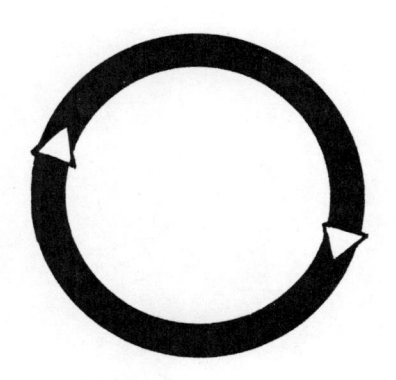

Pendel im KREIS

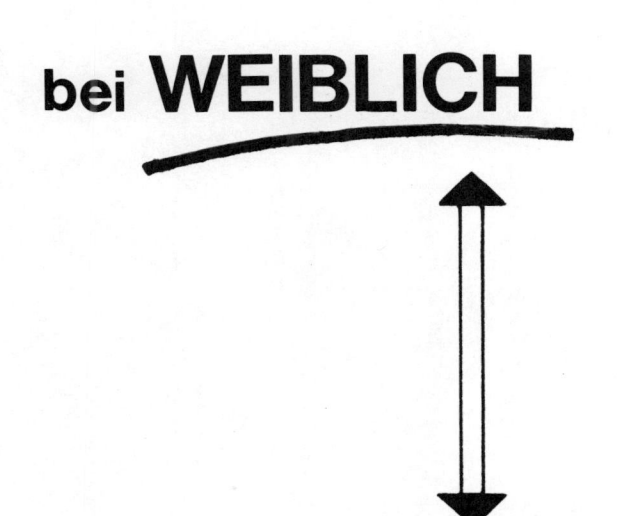

bei WEIBLICH

Pendel geht HIN UND HER

Pendelkette

m = männlich   w = weiblich

wirklich	Pendel reagiert
___	___
___	___
___	___
___	___
___	___
___	___
___	___
___	___
___	___

mit verbundenen Augen:

wirklich	Pendel reagiert
___	___
___	___
___	___
___	___
___	___
___	___
___	___
___	___
___	___

pendeln

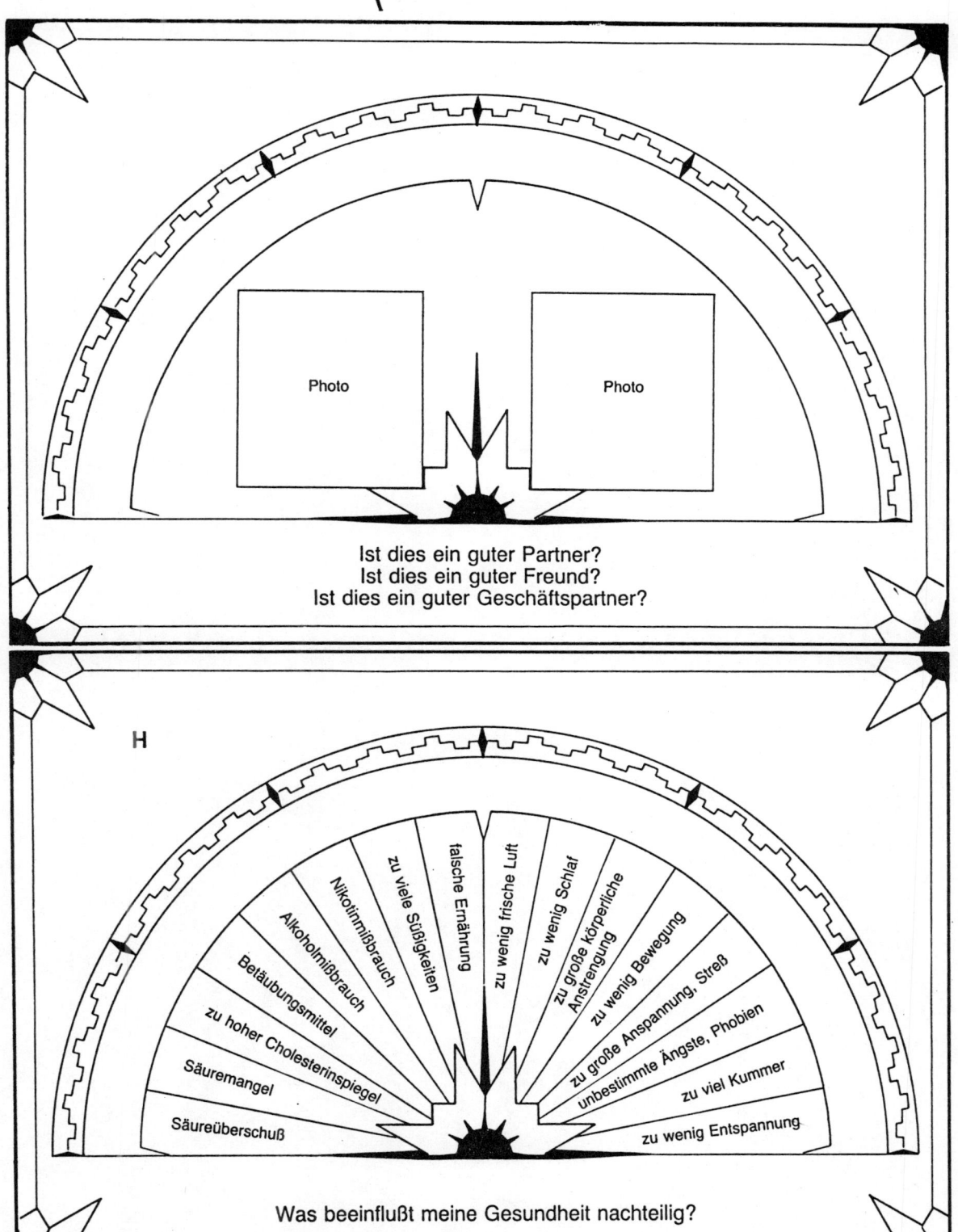

AB 50

Ist dies ein guter Partner?
Ist dies ein guter Freund?
Ist dies ein guter Geschäftspartner?

H

- Alkoholmißbrauch
- Nikotinmißbrauch
- zu viele Süßigkeiten
- falsche Ernährung
- zu wenig frische Luft
- zu wenig Schlaf
- zu große körperliche Anstrengung
- zu wenig Bewegung
- zu große Anspannung, Streß
- unbestimmte Ängste, Phobien
- zu viel Kummer
- zu wenig Entspannung
- Betäubungsmittel
- zu hoher Cholesterinspiegel
- Säuremangel
- Säureüberschuß

Was beeinflußt meine Gesundheit nachteilig?

Zwei von vierzig "Pendelkarten"
aus: Juriaanse, D.: Das praktische Pendelbuch, München 1985

pendeln

AB 51

Autosuggestion

Ein Verbrecher, welcher verurteilt war, durch Aderlaß zu sterben, wurde, nachdem ihm sein Urteil vorgelesen war, mit verbundenen Augen in ein Bett gelegt und festgeschnürt. Hierauf stach man ihn leicht in die Arme und Beine; doch so, daß kein übermäßiger Blutverlust stattfinden konnte, und stellte vorsichtig zu beiden Seiten seines Körpers zwei Gefäße mit Wasser auf, deren Inhalt langsam zur Erde lief.

Um die Täuschung, welche durch das gleichmäßige Tröpfeln des Wassers verursacht wurde, noch zu erhöhen, wischte man die Schnittstellen zeitweilig mit einem mit warmen Wasser getränkten Schwamm ab, so daß der Verbrecher hierdurch den Eindruck gewann, daß man das gerinnende Blut an diesen Stellen abwische.

Die Überzeugung, daß er auf diese Weise seinen Geist aufgeben müsse, wirkte auf den Unglücklichen so sehr ein, daß derselbe seinen Geist in Wirklichkeit aufgab; denn als man ihn nach Verlauf von kaum 15 Minuten seiner Fessel entledigte, war er bereits eine Leiche.

aus einem Versandhauskatalog:

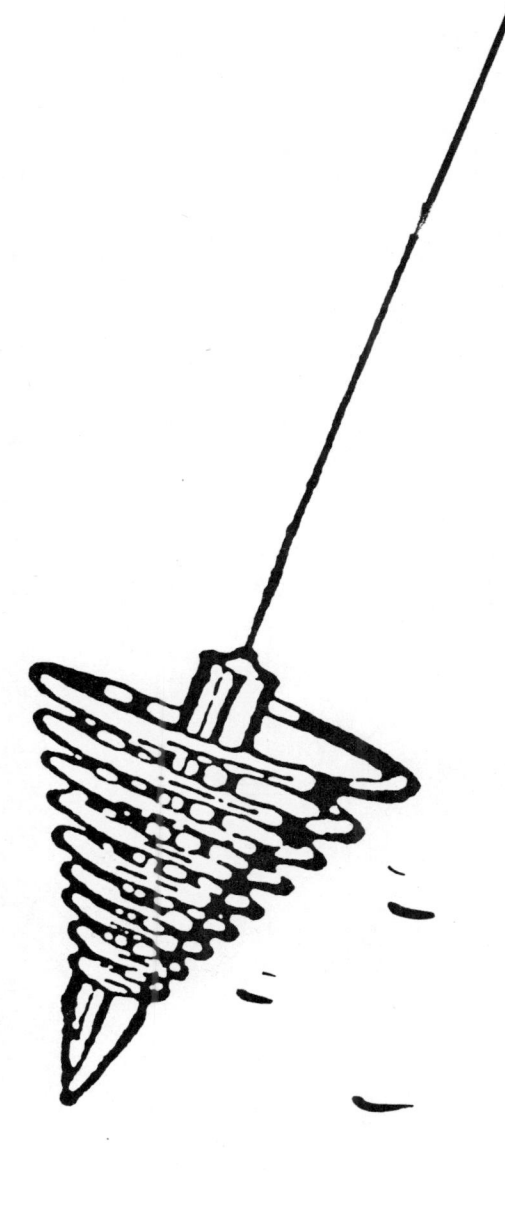

Echtes Wahrsager-Pendel

nur 29.95

Zufall oder magische Kräfte? – Entscheiden Sie selbst!
Millionen von Menschen in aller Welt schwören auf die Wahrsager-Pendel und fragen diese tagtäglich um Rat an. Ihre Freunde werden staunen! Das wunderschöne Wahrsager-Pendel ist vergoldet und wird in einem Lederetui geliefert. **Etwas Spezielles für gesellige Runden.**
Echtes Wahrsager-Pendel, Pendel + Kette vergoldet (Länge 17 cm) im Lederetui, Best.-Nr. 430.007 nur 29,95
Buch: Die Magie des Pendels, Best.-Nr. 430.006 ... 19,90

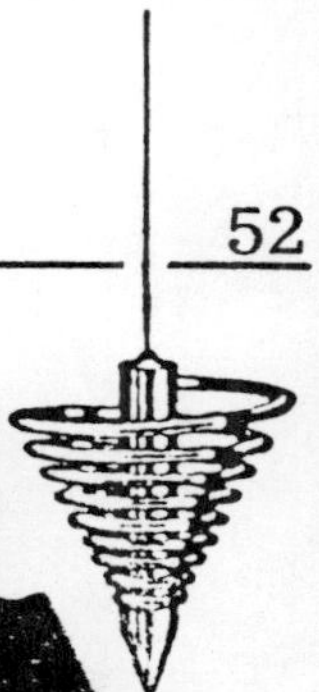

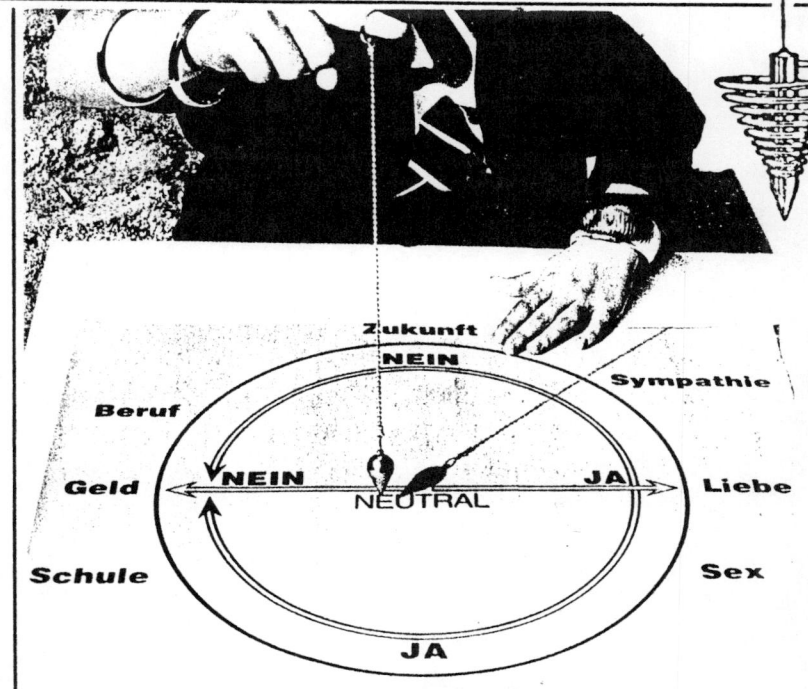

pendeln

AB 52

Übersinnliche Experimente:

Wer daran glaubt, der kann das Pendel bei persönlichen Entscheidungen befragen. „Soll ich mit ihm gehen?" – „Liebt er mich?" – „Werde ich in der Schule versetzt?" Das Pendel „antwortet" mit „Ja", „Nein", oder bleibt neutral...

PENDELN

Seit Jahrtausenden schon versuchen die Menschen mit Hilfe verschiedener Orakel Lösungen für ihre Probleme zu finden. Zigeuner legen Tarotkarten, Chinesen werfen Stäbchen (I Ging), Indianer glauben in der Beschaffenheit und im Muster der Baumrinden lesen zu können. Araber schauen in den Kaffeesatz – und vor allem im Abendland wird schon immer gependelt.

Gegenüber den anderen Orakel-Methoden hat das Pendeln zwei ganz große Vorteile: Erstens ist es nicht sehr aufwendig – und zweitens kann es jeder selbst ohne Hilfe von anderen machen. Er braucht also nicht erst Bücher über Kartenlegen zu wälzen oder zu einer teuren Wahrsagerin zu gehen.

Wie komme ich an ein Pendel?

Klar, das Pendel selbst ist der wichtigste Gegenstand. Am einfachsten bastelt Ihr Euch selbst eins: Ein zehn bis zwanzig Gramm schwerer Gegenstand – viele behaupten, ein Ring sei am besten – wird an einem dünnen Faden aufgehängt. Das kann eine Kette, ein Stück Garn oder auch ein Haar sein – wichtig ist nur, daß die Länge über zehn Zentimeter liegt. Den Idealzustand mußt Ihr selbst ausprobieren.

Wie wird gependelt?

Christina hatte Andrea am Nachmittag zu sich nach Hause eingeladen. Sie wollte ungestört das Pendel über ihre Liebe befragen – und hatte dabei unbewußt eine ganz wichtige Voraussetzung geschaffen: eine ruhige Umgebung und viel Zeit, um sich konzentrieren zu können.

Andrea nahm Christina ihre Halskette ab und zog ihr den Ring vom Finger. „So, das ist unser Pendel, und jetzt brauchen wir irgendeinen Gegenstand, der dich an deinen ‚Traumboy' erinnert. Ein Foto wirst du kaum haben?"

Natürlich besaß Christina kein Foto, aber dafür einen Bierdeckel, auf den er im Schüler-Café achtlos rumgekritzelt und den sie dann heimlich eingesteckt hatte.

So, jetzt wickelst Du das Ende der Kette um den Zeigefinger, und läßt das Ende der Kette um den Zeigefinger und läßt das Pendel genau über der Mitte des Bierdeckels hängen.

Durch einen Test kannst Du feststellen, welche Ausschlagrichtung das Pendel für Dich „Ja" oder „Nein" bedeutet. Denn für den einen kann ein Ausschlagen nach links „Ja" bedeuten. Bei dem anderen ist es vielleicht umgekehrt. Durch mehrere Testfragen, deren richtige Antwort Du todsicher weißt (z.B.: Hast Du Geschwister, ist heute Montag), stellt sich Dein Unterbewußtsein darauf ein und wird den Pendelausschlag in die entsprechende Richtung lenken. Durch Deine Reaktion auf die Testfragen wird klar, ob ein Ausschlagen nach links oder rechts, eine Kreisbewegung vor oder zurück ein „Ja" oder „Nein" bedeutet.

Wie wird das Pendel befragt?

„Wann werden wir zum erstenmal zusammen ausgehen?" Christina hatte vor Aufregung einen ganz roten Kopf bekommen. „Nee, geht nicht. Du kannst das Pendel nur zu einer Ja- oder Nein-Antwort bekommen", erklärte Andrea. Liebt er mich? Soll ich ihn einfach ins Kino einladen? Wird er mich anquatschen?

Dutzende von Fragen, auf die Christina nach drei aufregenden Stunden immer eine klare Antwort bekommen hatte. Das machte ihr Mut.

Am nächsten Tag ging sie zu „ihm", fragte ihn nach seinem Namen und ob er Lust hätte, mit ihr den neuesten Film anzuschauen. Und ob er hatte...

Was sagt die Wissenschaft?

Zufall, Aberglaube, Selbstbetrug? Nichts von alledem. Die „Radiästhesie", die Wissenschaft vom Pendeln, geht von der Wirkung der menschlichen „Aura", einem Feld unsichtbarer Energiestrahlen, aus. Diese Strahlen sind zwar nicht nachweisbar, aber das menschliche Unterbewußtsein ist empfänglich für sie, wirkt als Verstärker und versetzt auf diese Weise das Pendel in ein bestimmtes Schwingungsmuster.

Wichtig ist dabei, daß man sich über seine eigenen Gefühle und Entscheidungen klar wird. Diese sind im Unterbewußtsein zwar oft schon längst gefallen, aber man braucht es einen Anstoß von draußen, um den Mut zu haben, sie auch in die Tat umzusetzen. Ähnlich war es bei Christina: Sie wußte schon längere Zeit, daß er ihr Traumtyp war. Aber erst, als das Pendel ihr noch einmal deutlich vor Augen hielt, was Sache ist, wagte sie den ersten Schritt...

BRAVO 1986

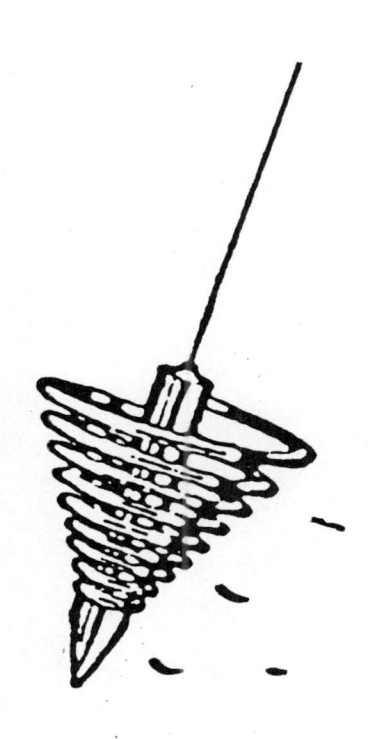

kontakte mit dem jenseits

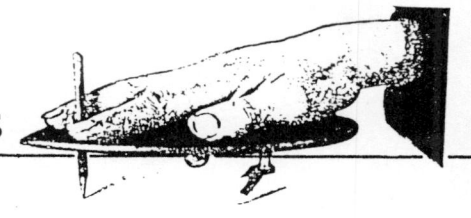

Gläserrücken - Schreibendes Tischchen

Eine Gruppe von Leuten, die das Ouija-Brett benutzen, um Botschaften von den Toten zu erhalten. Standfoto aus dem Film »The Uninvited« (1944).

Wie oben bereits mehrfach angesprochen, lassen sich die physischen und psychischen Grundlagen des Pendelns mühelos hierher übertragen.

Beim **Gläserrücken** wird ein leichtes Glas auf einen glatten, meist runden Tisch von den im Kreis sitzenden Teilnehmern leicht mit einem Finger berührt. Um die Tischkante werden die Buchstaben des Alphabets und die Zahlen von 0 - 9 gelegt (sog. "Ouja - Board": franz."oui" = "ja").

Nach einer gewissen Zeit beginnt sich das Glas zu bewegen und rutscht von einem Buchstaben zum anderen, was mitprotokolliert wird. So entstehen Worte und Sätze, die Antworten auf gestellte Fragen sein sollen.

Beim **Schreibenden Tischchen** (Planchette) ist ein Bein durch einen Stift ersetzt worden. Legt man die Hand oder die Finger darauf, beginnt es auf der Schreibunterlage zu schreiben.

Zusätzlich zu den schon bekannten ideomotorischen Bewegungen kommen bei diesen Phänomenen noch die **gruppendynamischen Prozesse** hinzu.

Da die Atmosphäre bei solchen "Experimenten" entsprechend emotional aufgeladen sein muß (entsprechende Musik, abgedunkeltes Licht...), herrscht eine entsprechende Erwartungshaltung.

Die Gruppe **will** ja ein Ergebnis erhalten, der Geist **soll** sich ja melden!

Irgendwann beginnt das Glas selbstverständlich zu rutschen. Wenn der Anfang gemacht ist, "schiebt" die Gruppe oder ein einzelner dominierender Teilnehmer (bewußt oder unbewußt!) so, daß sinnvolle Worte entstehen.

Daß dabei wieder das Unterbewußtsein eine tragende Rolle spielt im Hinblick auf "wahre" Antworten, dürfte auf der Hand liegen.

Es sind viele Fälle bekannt, wo auch Erwachsene durch diese **psychischen Automatismen** im höchsten Maße verblüfft, schockiert und geängstigt wurden.

Sinnvolle Worte und ganze Sätze kommen zustande, weil **die Gruppe es so will.** Wird z.B. nach einem Namen gefragt (wer unter dem Glas sitzt) und als erster Buchstabe erscheint ein D, so wird unbewußt manipuliert, wenn im folgenden das Glas etwa auf das H oder das K rutschen sollte. Da es keinen Namen gibt, der mit DH oder DK beginnt, so liegt es nahe, das Glas auf ein I zu bewegen (DIETER).

Auch hier gilt: Geschehnisse aus der Vergangenheit können abgerufen werden, der Blick in die Zukunft ist unmöglich und gefährlich!

Beim „Tischerucken" sollen die Geister Fragen beantworten.

Unterrichtspraktische Hinweise

* Unterrichtsgespräch: Warum ist das "Gläseln" so gefährlich, wenn man nicht weiß, was dahinter steckt?

* Wir spielen "Briefkasten - Onkel / Tante": Die Schüler erhalten als Kopie die Leserbriefe aus der BRAVO (Anlage) und entwerfen in Gruppenarbeit Antworten.

* Analyse des BRAVO - Artikels zum Pendeln (Reihe "Übersinnliche Experimente"):
- Was wird unterschlagen?
- Wie wirkt der Artikel auf den Normalleser?
- Entwurf eines Leserbriefes an die Zeitschrift.

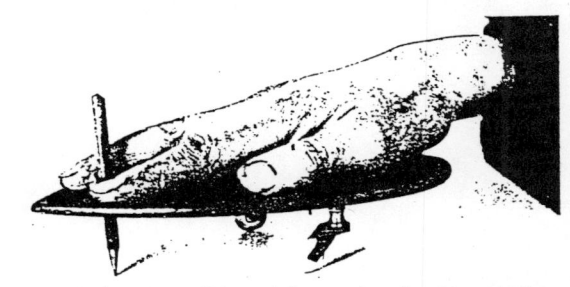

Die Planchette, die angeblich Botschaften »von der anderen Seite« aufzeichnen kann.

kontakte mit dem jenseits

Rat & Hilfe vom Dr.-Sommer-Team
Sprich Dich aus ...

Margit und Michael vom Dr.-Sommer-Beratungsteam der BRAVO-Redaktion nehmen Stellung zu Deinen Problemen. Schreib ans Dr.-Sommer-Team, Redaktion BRAVO, Charles-de-Gaulle-Str.8, 8000 München 83

Wir haben mit Toten Kontakt aufgenommen

Alles hat aus Spaß angefangen. Unsere Freundin schlug uns vor, einmal Gläserrücken zu machen. Dabei nimmt man mit Toten Kontakt auf und kann von ihnen alles erfahren, was man wissen will, auch über die Zukunft. Hier liegt unser großes Problem: Nachdem wir verschiedene Sachen gefragt haben und immer gute Antworten dabei herauskamen, bekamen wir eine schreckliche und unglaubliche Nachricht. Eine unserer Freundinnen soll in zwei Jahren, also angeblich mit 16, nach einem Verkehrsunfall mit ihrer Familie ums Leben kommen. Diese Antwort hörten wir mehrmals, nachdem wir mehrmals danach gefragt hatten. Und noch etwas: Wir haben gefragt, ob es schädlich ist, mit Toten Kontakt aufzunehmen und als Antwort bekamen wir ein Ja! "Er" hat uns gewarnt, sie wieder zu rufen. "Er" hat auch noch gesagt, daß "er" Angst vor einer gewissen Person hat. Als wir das genauer wissen wollten, antwortet "er" uns folgendes: BU, V, TC. Was ist das eigentlich?

Sissy, Gaby, Marion, 14 u.15, ohne Ort

Dr.-Sommer-Team:
Glaubt nicht an diese Dinge!

Ihr seid total verwirrt. Das sollte euch zu denken geben. Es passiert nämlich oft, daß beim Gläserrücken schlimme Voraussagen gemacht werden, die alle Beteiligten nur in Angst und Schrecken versetzen, sich dann aber, man muß schon sagen Gott sei Dank, nicht bewahrheiten. Glaubt also Eure Freundin an diese Prophezeiung, wird sie zwei Jahre grundlos zittern. Findet Ihr, daß sich damit Euer übersinnliches Experiment gelohnt hat?

Laßt lieber die Finger davon! Denkt auch nicht mehr groß darüber nach, was "er" wohl mit seinem BU, V, TC gemeint haben kann. Das macht euch nur fertig und taugt nicht einmal als spannende Freizeitbeschäftigung.

Kontakt aufzunehmen mit Toten überschreitet Grenzen und das menschliche Vorstellungsvermögen. Das hat schon viele Menschen in Wahnsinn und Schrecken getrieben.
(aus: BRAVO 31 /'88)

Seit unseren Geisterbeschwörungen habe ich Angst

Ich habe ein großes Problem, mit dem ich allein nicht mehr fertig werde. Zusammen mit meiner Clique mache ich des öfteren Geisterbeschwörungen (Gläserrücken, Tischrücken u.ä.). Am Anfang habe ich es genauso wie meine Freunde nur als Zeitvertreib und Spaß angesehen, aber schön langsam bekomme ich echt Angst. Ich fühle mich richtig verfolgt, zumal in meinem Zimmer neuerdings so mysteriöse Dinge geschehen. Musik wird von selbst immer lauter oder leiser, Kerzenlicht flackert plötzlich, und wenn ich allein z.B. Gläserrücken mache, fährt das Glas immer zielstrebig in meine Richtung anstatt zu den Buchstabentäfelchen. Mir wird das nun langsam echt zu unheimlich. Bitte sagt mir, wie Ihr euch das alles erklären könnt.

Günther, 15, Flensburg

Dr.-Sommer-Team:
Finger weg vom Übersinnlichen

Du bist durch Deine übersinnlichen Freizeitbeschäftigungen übersensibel geworden. So kann es durchaus sein, daß Du Geräusche, Gerüche, kurz alle Sinnesempfindungen, die Du früher überhaupt nicht besonders beachtet hast, jetzt erst so richtig wahrnimmst. Dann ist es doch klar, daß Dir diese Wahrnehmungen zuerst mal komisch vorkommen. Und vor allem, wenn ihr Euch dann wieder zusammensetzt und glaubt, über Gläserrücken Kontakt zu Verstorbenen zu bekommen, wird ganz normales Kerzenflackern schnell mit einem deutlichen Signal aus dem Jenseits verwechselt. Klar, daß es Dir dann kalt den Rücken herunterläuft und Du es mit der Angst zu tun kriegst.

Die Macht der menschlichen Einbildung und Phantasie ist grenzenlos und hat schon viele Menschen in den Wahnsinn geführt. Deshalb muß man allen sensiblen Menschen vom leichtsinnigen Spiel mit dem Übersinnlichen abraten. Laß also die Finger davon! Dann wirst Du auch Deine Ängste wieder loswerden und nachts wieder ruhig schlafen können.
(aus: BRAVO 28 /'88)

Das sagen Schüler

Werner, 15 Jahre:
"Wir haben uns regelmäßig im Keller von 'nem Freund getroffen und dort meistens von vier Uhr nachmittags bis ungefähr zehn Uhr abends ein Glas kreisen lassen. Einfach so, aus Neugierde. Plötzlich hatten wir einen bösen Geist da. Da ging echt die Post ab. Er hat uns unsere Todesdaten genannt, einige sollten schon ein paar Tage später dran sein. Nach und nach kam raus, daß drei von uns von verschiedenen Leuten getötet werden sollten, damit dafür böse Geister auf die Erde kommen können. Da brach tierische Panik aus, wir haben dann sofort aufgehört. Die Mädchen hatten die totale Angst, wir mußten sie nach Hause bringen. Ich hab' mir einen Rosenkranz weihen lassen und will nichts mehr damit zu tun haben.
(aus: FÜR SIE 11 /'88)

rutengänger

Wünschelrute - Erdstrahlen

Über diesen Bereich gibt es in der Bevölkerung wohl das größte Informationsdefizit. Obwohl eindeutige Forschungsergebnisse seit Jahren vorhanden sind, ist der Glaube an die Wirksamkeit der Wünschelrute z.B. zum Auffinden von Wasser oder der angeblich so gefährlichen "Erdstrahlen" nicht anzuknacksen.

Im Gegenteil hat die sog. **Radiästhesie** einen riesigen Aufschwung erlebt und die Erfinder von entsprechenden "Entstörungsapparaturen", die Autoren von radiästhetischer Literatur und berufsmäßige Rutengänger verdienen daran nicht schlecht.

Ursachen dafür sind wohl die Gesundheitssehnsucht vieler Menschen ("Schaden kann es ja nichts", "Sicherheitshalber - man weiß ja nie"), die Skepsis gegenüber der pharmazeutisch orientierten "Schulmedizin", ein gesteigertes Umweltbewußtsein und eine allgemeine Empfänglichkeit für "unerklärliche Phänomene".

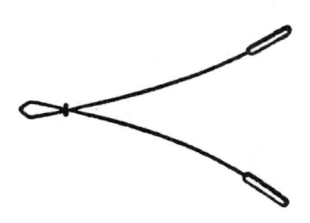

Selbst das Bundesforschungsministerium bewilligte in letzter Zeit einen beachtlichen Betrag für ein entsprechendes Forschungsprojekt, das von Anfang an allerdings heftig umstritten war.

Die zu erwartenden Ergebnisse werden wahrscheinlich das gleiche Schicksal erleiden, wie ihre zahlreichen Vorgänger: Für überzeugte Anhänger der Erdstrahlentheorie haben negative Belege keinerlei Beweiskraft. Auch früher wurde einfach totgeschwiegen, was nicht in das entsprechende Weltbild paßte.

Da es sich bei diesem okkulten Phänomen nicht um ein jugendspezifisches handelt, die Materie außerdem sehr umfassend ist, sei auf zwei grundlegende, leicht zu lesende Werke verwiesen, die eine durchschlagende Beweiskraft besitzen:

Prokop O. / Wimmer W.: Der moderne Okkultismus, Stuttgart 1987 (Gustav Fischer - Taschenbuch)

Prokop O. / Wimmer W.: Wünschelrute - Erdstrahlen - Radiästhesie, Stuttgart 1985 (Enke - Verlag)

rutengänger

AB 56

Um dem Leser darauf einen Vorgeschmack zu geben, seien nur einige wenige Auszüge angeführt:

Ausreden für Mißerfolge und Falschaussagen der Wünschelrute

Prominente Wünschelrutenforscher	meinen
Franzius, G.	„Meine Beobachtungen mit der Wünschelrute", Verlag Ernst & Sohn, Berlin 1907. „Wenn die Wünschelrute von ganz unbegabten Personen gehalten wurde, wird sie für mehrere Minuten vollständig unbrauchbar gemacht."
v. Graeve, O.	„Meine Wünschelrutentätigkeit", Gernrode 1913. „Wodurch entstehen fehlerhafte Angaben durch die Wünschelrute?" – „Es ist nicht unerheblich, ob man eine Holzrute, eine Eisenrute oder eine Aluminiumrute verwendet. Die Holzrute kann z. B. total versagen."
de Vita, Alberto	„Luftelektrisches Feld und physiologische Phänomene", 19. Tagung d. Int. Vereins der Wünschelrutenforscher, Zschr. f. Wünschelrutenforschung 15, 1/3, 1934. „Das Wehen des Windes, das öftere Vorüberschreiten zahlreicher Individuen, der bodenerschütternde Verkehr schwerer Fuhrwerke usw. genügen zur Zerstörung der ionisierten Luftzonen, die durch besondere Störungen der tieferen Schichten des Bodens entstehen, sowie zur Schaffung einer gewissen Gleichmäßigkeit des luftelektrischen Feldes."

Wünschelrutenlehrgang

Schöne Wünschelrutenmärchen und die harten Tatsachen

1945–1953 haben sich laut Zeitungsberichten und der Wünschelrutenliteratur an verschiedenen Straßenstellen, wo Rutengänger starke Reizstreifen ermittelten, zahlreiche Unfälle ereignet; „Ein strahlungsempfindlicher Fahrer gerät ahnungslos über ein ungeheures Kraftfeld. Er selbst strahlt ebenfalls ähnliche Kräfte aus. Es gibt eine Art Kurzschluß, der Fahrer bekommt einen Gehirnkrampf (!) und reißt in diesem Augenblick das Steuer herum. Der Wagen überschlägt sich" (Kristall Nr. 17/1952). Typische Stellen finden sich zwischen München u. Rosenheim, und eine auf der Bundesstraße 6 am km-Stein 23,9 bei Bremerhaven (u. a. Zschr. f. Wünschelrutenforschung 21, 11/12, Seite 129, 1948, und Zschr. f. Radiästhesie 5, 5/5, Seite 153–154, *Jaeckel* 1955).

Nachgeprüft: Statt der am km-Stein 23,9 behaupteten über 200 Unfälle *nicht ein einziger* (vgl. u. a. *Brüche* 1962). Obgleich auch die anderen „Todesstrecken"-Märchen sämtlich widerlegt wurden (vgl. *Vidal, Wendte* 1955), werden sie immer wieder aufgewärmt, wie z. B. in dem zutiefst abergläubischen „Handbuch der modernen Radiästhesie" von *Kirchner*.

1949
Geislinger Zeitung vom 31. 10. 1949: „Zauberin Wünschelrute. 170 000 Liter am Tag."

Dr. Georg *Wagner*, Tübingen, in „Aus der Heimat" 63, 1/2, 1955: Der wirkliche Erfolg waren insgesamt 5 Liter Wasser, die mit einer Konservenbüchse ausgeschöpft werden konnten.

Die Billiglösung wurde teuer

WEISMAIN – Drei Wünschelrutengänger hatte die Stadt Weismain im Landkreis Lichtenfels engagiert, um die Wasserversorgung des Jurastädtchens auch künftig zu gewährleisten und einem bevorstehenden Anschluß an die Fernwasserversorgung zu entgehen – nun sitzt sie erneut auf dem Trockenen.

Bei den zwei ersten Probebohrungen war überhaupt kein verwendbares Wasser gefunden worden, die dritte gab in 70 Meter Tiefe zu Hoffnungen Anlaß: Pumpversuche brachten eine Schüttung von 25 Liter pro Sekunde.

In einer schnell einberufenen Sonderkonferenz wartete Bürgermeister Max Goller dem Stadtrat jedoch mit einem trockenen Guß auf: Er eröffnete den Politikern, „daß das Wasser schon wieder weg ist". Vermutlich hatte es sich nur um Sickerwasser der vorangegangenen Bohrungen gehandelt. Die Stadt will nun bis in 100 Meter Tiefe vordringen. Sollte man erneut nicht fündig werden, soll bei der Wassersuche doch dem Echolot und anderer moderner Technik der Vorzug gegeben werden. Das kommt im Endeffekt billiger.

Nürnberger Nachrichten, 9.5.87

rutengänger AB 57

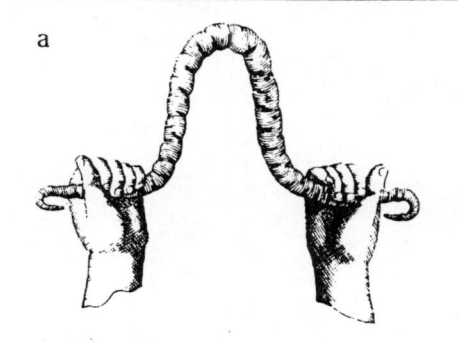

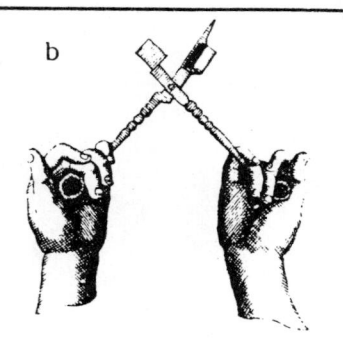

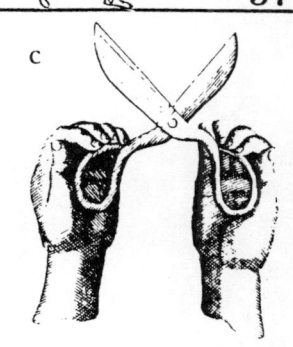

Einige Illustrationen aus dem Buch Pantomysterium (1700) von J. G. Zeidler, die eine Reihe ungewöhnlicher Ruteninstrumente zeigen: (a) eine gebogene Knackwurst, (b) ein Dochtschneider, (c) eine Schere ...

Untersuchungen, welche die Unspezifität des Wünschelrutenausschlages annehmen lassen

Jahr	Autor bzw. Untersucher	Ort	Anzahl der Rutengänger	Erfolg
1912	Verband zur Klärung der Wünschelrutenfrage (nach Quiring)	Kaliberwerk, Riedel bei Häningen/Hannover	4	Urteil des Landesgeologen Dr. Wolff: Wünschelrute eignet sich nicht zur Mutung von Kalisalzen
1920	Preußische Geolog. Landesanstalt	Ladeburg, Straßfurt, Winsen Rottmersleben	3	Im wasserundurchlässigen Ton wurde Wasser angegeben (Adern). Braunkohlen dort angegeben, wo keine sind, dort nicht angegeben, wo sie unmittelbar anstehen. Auf nicht vorhandenes Salz und nicht vorhandene Kohle reagierten alle drei glänzend, weil danach gefragt worden war
1930/33	Wach	Aurolzmünster, Schatzgrabung	2	Verschiedene Versionen (mindestens drei)
1932	Gerlach	Münchner Gebäude	3	Bei Einzelprüfungen drei verschiedene Ergebnisse
1933 und 1949/50	Ekström	Stockholm, verschiedene Prüfstreifen, Prüffeld	9	Verschiedene Ergebnisse («Wirrwarr»)
		Wohnhaus	2 (sehr empfindliche)	Kein Zusammenhang
		Brunnenfeld		Alle Angaben verschieden
1933	Michels	Bremen, «Prüfreizstreifen»	1	Keine Übereinstimmung
1933	Pfeiffer	Bei Stuttgart, Gelände mit Grundwasserhorizont	10 (darunter 9 erfahrene)	Keine Übereinstimmung
1936	Goetze und Miessner	Hannover, mehrere Gebäude und Tiere	2	Alle Aussagen verschieden, auch im Wiederholungsversuch bei Einzelprüfungen
1946	Gassmann	Bei Zürich, Prüffeld	mehrere	«Es ist nicht gelungen, Reizstreifen zu ermitteln, die...»
1948/49	Ongley	Neuseeland, Prüfgelände	75	Keine Übereinstimmung, gleiche Ergebnisse beim Ausraten
1952	Niederländische Akademie der Wissenschaften	Stall 9	3	3 verschiedene Ergebnisse
		Stall 12	3	3 verschiedene Ergebnisse
		Zweiter Stall 12	3	3 verschiedene Ergebnisse
		Dritter Stall 12	4	4 verschiedene Ergebnisse
		Stall 14	3	3 verschiedene Ergebnisse
		Stall 17	3	3 verschiedene Ergebnisse
		Stall 19	3	3 verschiedene Ergebnisse
		Stall Zoötechnik	3	3 verschiedene Ergebnisse
1953	Niederländische Akademie der Wissenschaften	Terrain	5	5 verschiedene Ergebnisse
		Silountersuchungen	4	4 verschiedene Ergebnisse
1952	Niederländische Akademie der Wissenschaften	«Klein Hoekstuk»	2	2 verschiedene Ergebnisse
1952/53		«Klein Hoekstuk»	3	4 verschiedene Ergebnisse
1952		«Paardeweideplekken»	2	2 verschiedene Ergebnisse
1952	Prokop	Hagen; «Prüfreizstreifen»	1 («Rutenmeister»)	Bei angeblich ein- und ausgeschaltetem Entstrahler geprüft: verschiedene Ergebnisse
1953	Prof. Schwenkhagen (Gewährsmann)	Fabrikhalle, Mutung aus verdunkelter, fahrbarer Kanzel	1	Völlig verschiedene Ergebnisse
1954	Brüche	Mosbach, Wohnhaus	2	2 verschiedene Ergebnisse
1954	Wendte, Prokop (unveröffentlicht)	Bonn, Institutsgelände	4	Einigung über «Prüfreizstreifen» erst nach diktatorischem Befehl eines Rutengängers: «Hier ist er!»
1956	Makkink	Delft/Holland	8	8 verschiedene Ergebnisse

rutengänger AB 58

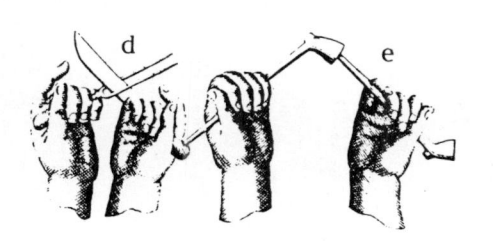

... (d) ein gekreuztes Besteck, (e) zwei holländische Tabakspfeifen, (f) ein aufgeschlagenes Buch und (g) ein Eimergriff.

Um es gleich zu sagen: Die Physik kennt den Begriff „Erdstrahlen" nicht. Nun könnte man natürlich die „Dinge zwischen Himmel und Erde" zitieren, „von denen sich unsere Schulweisheit nichts träumen läßt". Tatsächlich sind die heutigen Naturwissenschaften noch weit davon entfernt, *alles* zu verstehen. Und je weiter die Physik in die subatomar-kleinsten oder kosmologisch-größten Dimensionen vordringt, um so mehr neue Fragen tauchen auf. Aber das, was sich auf unserer Erde abspielt, kennen wir inzwischen doch recht gut.

Wenn wir zeigen wollen, daß es etwas, wie die „Erdstrahlen", nicht gibt, so ist dies schwieriger, als einen Existenzbeweis zu führen. Denn wir müssen sämtliche nur denkbaren Möglichkeiten überprüfen. Gehen wir also systematisch vor und fragen zunächst, welche Strahlungen es überhaupt gibt. Wir finden zwei Kategorien:

Da sind einmal die schnell und gerichtet bewegten „materiellen" Teilchen, also z. B. die Elektronen in Röntgen- oder Fernsehröhren, die Alpha- und Beta-Partikel der Radioaktivität, der Neutronenfluß aus einem Kernreaktor usw. Zum zweiten gibt es Wellen- oder Quantenstrahlen, die dann auftreten, wenn sich Kraftfelder *zeitlich* ändern. Nun ist es der Physik gelungen, die große Vielfalt der Erscheinungen auf nur drei fundamentale Kräfte zurückzuführen, nämlich auf die Gravitation, den Elektromagnetismus und die Kernkraft. Nichts deutet darauf hin, daß es daneben noch weitere „Wechselwirkungen" gäbe. Zwei

... entbehren jeglicher physikalischer Grundlage

der drei Grundkräfte (und die darauf zurückgehenden Wellenstrahlungen) können wir sofort ausscheiden: Die Gravitation ist so schwach, daß unsere hochempfindlichen Detektoren nicht einmal die gravischen Wellen explodierender Sterne erfassen; die Kernkraft ist zwar überaus stark, wirkt aber nur über so winzige Entfernungen wie 10^{-15} m.

Was übrig bleibt, sind die elektromagnetischen oder Photonen-Strahlungen. Sie entstehen, wenn sich elektrische oder magnetische Felder zeitlich ändern, und überspannen hierbei das riesige Spektrum von den kilometerlangen Radiowellen bis hin zu den ultraharten Gamma-Quanten. Damit haben wir alle denkbaren Möglichkeiten genannt.

Welche Strahlung erzeugt nun unsere Erde? Wir kennen die natürliche Radioaktivität von (ungefährlichen) 100 mrem pro Jahr und sonst – nichts. Nun könnte man sich darauf hinausreden, daß die „Erdstrahlen" vielleicht gar keine Strahlen im physikalischen Sinn, sondern nur Felder wären, deren Kraftlinien „strahlenförmig" verlaufen. Man könnte dabei an das irdische Magnetfeld denken, dessen mittlere Feldstärke von etwa 1. Gauß sogar gewissen lokalen und zeitlichen Schwankungen unterliegt. Dieses Feld ändert sich aber nur über größere Entfernungen (nicht „von Zimmerecke zu Zimmerecke") und während astronomischer Zeitspannen, so daß dabei auch keine elektromagnetischen Strahlen entstehen. Im übrigen sind keinerlei gesundheitliche Schäden bei Personen bekannt, die sich in der Nähe technischer Magnete mit über tausendfacher Feldstärke aufhielten oder die mit starken elektromagnetischen Sendern arbeiten. Eigentlich erübrigt sich auch der Hinweis, daß unterirdische Wasseradern – genau wie oberirdische Bäche oder Flüsse – völlig unmagnetisch sind, ebenso wie das als „Schutz" gepriesene Kupfernetz; es besitzt keinerlei Abschirmwirkung. – Wir wollen noch ein weiteres Argument hinzufügen: Die Physik besitzt heute für alle überhaupt in Frage kommenden Felder und Strahlungen so ausgezeichnete Meßgeräte, daß zum Beispiel einzelne Alpha-Partikel oder Lichtquanten registriert und gezählt werden können. „Erdstrahlen" irgendwelcher Art blieben uns mit Sicherheit nicht verborgen. Verglichen mit unseren modernen Detektoren besitzt die Wünschelrute die gleiche apparative Aussagekraft wie Kaffeesatz.

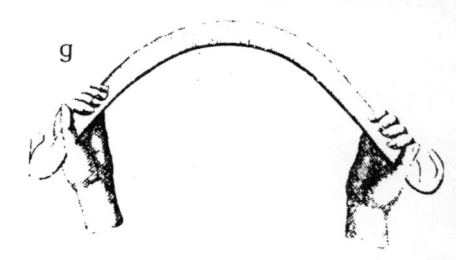

Ziehen wir das Fazit: Die „Erdstrahlen" entbehren jeglicher physikalischer Grundlage. Ihre „Wirkungen" mögen psychisch oder psychosomatisch zu erklären sein bzw. auf Auto- oder Fremdsuggestion zurückgehen. Das Bettrücken oder ein Kupfernetz unter der Matratze bringt nichts anderes als einen Placebo-Effekt. Leider ist auch in unserem Zeitalter der Aberglaube noch nicht ganz ausgestorben, und es gibt immer noch Leute, die damit Geschäfte machen.

Horst Löb, Gießen[*]

---
[*] Prof. Dr. rer. nat. Horst Löb ist am I. Physikalischen Institut der Universität Gießen (Anschrift: Heinrich-Buff-Ring 16, 6300 Gießen) tätig.

hintergründe

Ursachen der Okkultwelle

Ob es sich wirklich um eine **Welle** handelt, die wie eine solche auch wieder ausläuft, muß bezweifelt werden.

Bis heute gibt es keine umfassende wissenschaftliche Untersuchung zu diesem gesamtgesellschaftlichen Phänomen. Je nach Standpunkt werden die vermuteten Ursachen für die Beschäftigung mit okkulten Praktiken auch verschieden gewichtet.

Falsch wäre es sicherlich, eine monokausale Verbindung herzustellen. Die Gründe sind vielfältiger Natur und individuell sind die auslösenden Momente beim einzelnen Menschen unterschiedlich:

Beim einen ist dies ein persönlicher **Schicksalsschlag** (etwa der Verlust eines geliebten Menschen oder eine schwere Krankheit), beim anderen einen allgemeine **Zivilisationsmüdigkeit**, die sich in Technik- und Wissenschaftsfeindlichkeit äußert. Das gestiegene Umweltbewußtsein schließlich trägt dazu bei, daß man **näher an die Natur zurück will**, sich auf sich selbst besinnen möchte.

Zum Anschwellen der Esoterik - Welle wurde viel geschrieben, doch fehlt auch hier der Nachweis eines eindeutig auslösenden Momentes.

Spiritistische / okkultistische Bewegungen kamen auch früher immer wieder einmal verstärkt vor und wurden wieder abgelöst von anderen Erscheinungen. So lief sich die "Geisterbeschwörungswelle" um die Jahrhundertwende tot, weil das naturwissenschaftliche Wissen auch des Normalbürgers stark zunahm.

Zauberkünstler des vergangenen Jahrhunderts konnten ihr Publikum allein dadurch faszinieren, daß sie physikalische Experimente (magnetischer oder elektrischer Natur) vorführten.

Der Erfolg vieler auf der okkulten Masche reisenden Scharlatane beruht auch heute noch auf der Unwissenheit ihrer Kunden.

Um wenigstens etwas Ordnung in die Vielfalt zu bringen, seien in zwei Abteilungen Stichpunkte aufgeführt, die ohne Schwierigkeiten vom Leser (bzw. im Unterricht von den Schülern) mit "Fleisch" (= konkreten Beispielen) angereichert werden können:

hintergründe

Gesamtgesellschaftliche Ursachen:

Angst vor:
- der Umweltzerstörung
- der Verdatung (der "durchsichtige Mensch")
- der Arbeitslosigkeit
- der Anonymität
- der Technik
- der mißbrauchten Wissenschaft (Gentechnik, Atomphysik...)
- der Hilflosigkeit z.B. gegenüber der Bürokratie
- der umfassenden Manipulation
- kriminellen Gewalttätigkeiten
- ...

Abscheu vor:
- dem Zerfall gesellschaftlicher Sitten
- politischen Affären
- der oft herrschenden Doppelmoral

Mangelnder Halt und Trost:
- durch die Kirche
- durch Angehörige und Freunde

Das Gefühl der Ohnmacht und der Resignation macht in hohem Maße empfänglich für magische Rituale, die einfache Antworten auf Existenzfragen versprechen.

Auch hier seien nochmals Prokop / Wimmer (1987, Seite 2) zitiert:
- "Du brauchst Dir keine Sorgen machen, das hat keinen Sinn, denn alles ist in den Sternen vorgezeichnet! (Astrologie)
- Daß Dein Vater an Krebs starb, ist klar, denn er lag auf einer Wasserader und die Strahlen sind zu beseitigen! (Radiästhesie)
- Die Krankheit ist sicher am Auge zu diagnostizieren, also ist Sorge nicht am Platz! (Augendiagnostik)
- Ein anderer Mensch ist stets mit Dir verbunden, wenn Du in einer Notsituatien bist und errät Deine Gedanken! (Telepathie)
- Wenn wir Erdöl für unsere Kraftfahrzeuge brauchen, so können wir es finden und die Tiefe seiner Lage und seine Mächtigkeit erschließen! (Wünschelrute)
- Bei Schmerzen solltest Du keine Sorge haben und Dich nicht fürchten, denn ein einziger Nadelstich genügt um sie zu beseitigen! (Akupunktur)
- Wenn Du älter bist und willst wieder jung sein, so können das Frischzellen besorgen oder "spezifische Nervennahrung"! (Zelltherapie)
- Das Leid, das Dich ergriffen hat, als die Mutter starb, ist nicht so groß, denn sie wird sich erfahrungsgemäß bei Dir melden und Dir über ein Medium Auskunft geben! (Parapsychologie)"

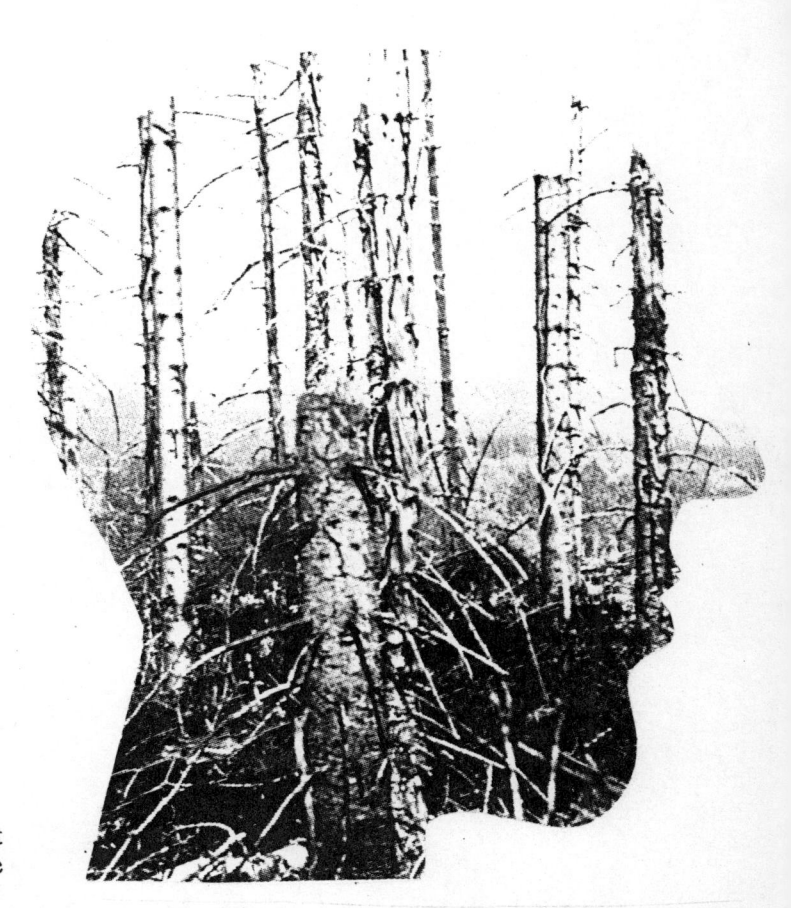

In spirituellen / esoterischen / New - Age - Gruppen erleben viele Menschen ein neues Gemeinschaftsgefühl, in dem Sinnfragen angesprochen werden können, die in der auf Stärke und Leistung orientierten Gesellschaft meist tabu sind.

Die christlichen Kirchen spüren dieses Defizit sehr stark und versuchen ihrerseits, die Bewegung in den Griff zu bekommen. Es soll dabei aber nicht verschwiegen werden, daß es Geistliche der beiden großen Konfessionen gibt, die kräftig auf der okkulten Welle mitreiten (z.B. beim Pendeln, beim Feuerlaufen, beim Rutengehen...).

Der erwachsene Mensch allerdings sollte normalerweise so reif sein, daß er frei bestimmen kann, was ihm zuträglich ist und was nicht. Wer 250,-DM dafür ausgeben will, daß ihm ein Hellseher **am Telefon** die Zukunft per Pendel vorhersagt (so etwas gibt es wirklich!), der soll in unserer demokratischen Gesellschaft dazu auch das Recht haben.

Die Grenze liegt dort, wo eindeutiger Betrug z.B. mit der Gesundheitssehnsucht der Menschen getrieben wird. Hier ist der Ruf nach dem Staat berechtigt. Wenn allerdings auf der anderen Seite derselbe Staat über 400000 DM Steuergelder für die Erforschung okkulter Praktiken (Wünschelrute) ausgibt, ist das für viele wiederum nur schwer verständlich (um es einmal gemäßigt auszudrücken!).

hintergründe

Jugendspezifische Ursachen

Es wäre wohl mehr als unbillig, von Jugendlichen dort Enthaltsamkeit zu verlangen, wo die Erwachsenen eifrige Aktivitäten vorexerzieren. Der erhobene pädgogische Zeigefinger à la "Wir dürfen - Du nicht!" hat eher die gegenteilige Wirkung.

Viele der o.a. Gründe treffen selbstverständlich genauso oder noch verstärkt auf die Jugend zu. Verstärkt werden die Tendenzen noch durch die erhöhte emotionale Empfänglichkeit und Sensibilität während der Pubertät. Ferner fehlt die Lebenserfahrung der Erwachsenen, die manche Auswüchse doch erkennen (oder zumindest erkennen sollten!).

Das Neugierverhalten spielt sicher eine große Rolle beim Ausprobieren okkulter Techniken. Jeder Lehrer in der Sekundarstufe kann sich vorstellen, was passiert, wenn die am weitesten verbreitete Jugendzeitschrift seitenweise handfeste Gebrauchsanleitungen zum Pendeln, Gläser- und Tischrücken usw. darbietet. Beim Ausprobieren bleibt es dann leider nicht, weil es sehr schwierig ist, sich davon wieder zu lösen.

Die Beschäftigung mit okkulten Praktiken hat durchaus Suchtcharakter und das Wort vom "Pendel als Einstiegsdroge" ist berechtigt.

Der Einfluß der Peer - Group gerade in der Pubertät verhindert oft eine Aufklärungsaktion der Erwachsenen, vor allem, wenn sie sich nur auf das Verbale beschränkt. Nicht verheimlicht wird von Jugendlichen oft, daß es einfach auch Spaß macht, die Erwachsenen zu "schocken", z. B. durch entsprechende Reden, durch unkonventionelle Kleidung oder spezielle Musik (viele "Satansrockgruppen" benutzen den Teufel nur als Werbegag, was aber den doch teilweise erschreckenden ernsten Hintergrund z.B. des "Black Metal" nicht verharmlosen soll!).

"Null - Bock - Mentalität" als eine Art Gegenkultur zu einer angeblichen oder tatsächlichen Überforderung in vielerlei Hinsicht ist als Zeichen für den Sinn - Verlust bei manchen Jugendlichen ebenso bekannt wie auch das Versprechen einfacher Lösungen für schwierig erscheinende Fragen.

Nicht zuletzt gibt das Eingeweihtsein in okkulte Techniken das Überlegenheitsgefühl des "Insiders". Gerade dieses Phänomen macht es Eltern und Lehrern ungemein schwer, das Treiben der Kinder und Schüler überhaupt zu erkennen, da sich die spiritistischen Zirkel abschotten und Schweigegebot gegenüber Außenstehenden gilt. Magische Rituale versprechen hier eine Welt, die in Ordnung ist, in der man unter sich sein kann.

Was ist zu tun?

Es liegt in der speziellen Art der okkulten Umtriebe, daß man in der Schule nur fächerübergreifend wirksam gegen sie angehen kann. Die Phänomene erhalten religiöse, naturwissenschaftliche und tricktechnische Aspekte. Der "Einzelfachmann" tut sich schwer, wie viele Anrufe und Briefe vor allem von Religionslehrern zeigen. Eine rein verbale Belehrung bleibt wirkungslos.

Was not tut, ist eine schonungslose Entlarvung
- der hinter besonderen Erscheinungsformen des Okkultismus stehenden ökonomischen Interessen,
- der betrügerischen Techniken und Absichten,
- der religiösen Scharlatanerie,
- der tricktechnischen und naturwissenschaftlichen Grundlagen,
- der Gefahren im Hinblick auf Abhängigkeit, selbsterfüllende Prophezeiung, Entfremdung,...
- der Ursachen für die Beschäftigung mit okkulten Praktiken.

Der Lehrer allein kann dies nur in seltenen Fällen aus dem Stegreif umfassend erledigen. Wieder einmal ist also eine intensive Zusammenarbeit aller an der Erziehung Beteiligten gefordert.

Erfolge sind durchaus auch kurzfristig zu erreichen, wie Aufklärungsveranstaltungen in Schulklassen, Jugendzentren und bei Lehrkräften gezeigt haben. Langfristig muß aber das Ziel sein, den Lehrer sensibel und kompetent zu machen, damit er entsprechende Anzeichen in seiner Klasse wahrnehmen und thematisieren kann.

Daß dieses Problem - wie ja vieles in der Pädagogik - nicht neu ist, zeigt ein Zitat des **Marquis de Condorcet**, dem Vorsitzenden des "Komitees für das öffentliche Unterrichtswesen" zur Zeit der Französischen Revolution, 1792:

"Auch einige Kenntnisse in der Naturlehre sind notwendig, und sei es nur, um vor Zauberern oder vor Erfindern und Erzählern von Wundern zu bewahren.
Ich wünschte sogar, die Lehrer würden von Zeit zu Zeit in den wöchentlichen Lektionen einige Zauberkunststücke vorführen...
Dieses Mittel, den Aberglauben zu zerstören, ist eines der einfachsten und wirksamsten."

literaturhinweise

PROKOP O./WIMMER W.: Der moderne Okkultismus, Stuttgart 1987
(das zweifellos empfehlenswerteste, preisgünstige Buch mit einem umfassenden Überblick, vielen konkreten, beweiskräftigen Beispielen)

PROKOP O./WIMMER W.: Wünschelrute, Erdstrahlen, Radiästhesie, Stuttgart 1985
(überaus beweiskräftig durch zahlreiche Belege und konkrete Beispiele)

ALLAN / SCHIFF / KRAMER: Falsche Geister - Echte Schwindler, Wien / Hamburg 1969
(viele detailliert, erlebnishaft und anschaulich erzählte Beispiele aus allen okkulten Bereichen, gut belegt; Buch vergriffen, über Fernausleihe bei Bibliotheken erhältlich)

PROKOP O. (Hrsg.): Medizinischer Okkultismus, Stuttgart 1977
(vergriffen; in Bibliotheken erhältlich; sehr detailliert, fachspezifisch (medizinisch), deshalb aber sehr beweiskräftig; u.a. Gebiete wie Irisdiagnose, Wünschelrute, Erdstrahlen - Abschirmgeräte, Pendel, Pfarrer Kneipp, Zellulartherapie, Stromedizin, Homöopathie, das sechste und siebte Buch Moses, Akupunktur...)

BOGEN H.-J.: Magie ohne Illusionen, Freiburg 1982
(sehr fachkundig, beweiskräftig, anschaulich erzählt; u.a. Uri Geller, Bermudadreieck, Thomas Mann und der Okkultismus, Halluzinationen, Meditation, Magie der Steinzeit, Heilung durch Wille...)

HILLER H.: Lexikon des Aberglaubens, München 1986
(umfassender Überblick über die abergläubische Bedeutung von Abendrot bis Zwölfnächte)

HAINING P.: Das große Gespenster - Lexikon; Düsseldorf 1983
("Geister, Medien und Autoren", Nachschlagewerk mit vielen Abbildungen)

KNAUT H.: Das Testament des Bösen, Stuttgart 1979
("Kulte, Morde, Schwarze Messen - Heimliches und Unheimliches aus dem Untergrund"; sehr sachkundig)

WILLMANN C.: Moderne Wunder, Leipzig 1897; Reprint der Edition Olms, Zürich 1979
(eines der besten Bücher zur Entlarvung von okkulten Betrügern; sehr anschaulich mit Abbildungen vieler Tricks; Dank an die Initiatoren des Reprints!)

CHRISTOPHER M.: Geister, Götter, Gabelbieger, München 1977
(bekannter amerikanischer Zauberkünstler, der detailliert eingeht auf Uri Geller, Geist - Chirurgen, Hellseher, UFOs, Gedankenfotografie u.v.a.)

ROCKWELL J.: Trommelfeuer - Rocktexte und ihre Wirkungen, Aßlar 1983
(viele Schüler kennen es)

KELLER W.: Was gestern noch als Wunder galt, München 1973
(ein enttäuschendes, sehr umfangreiches Buch des bekannten Bestseller - Autors, das z.T. unkritisch und fehlerhaft Überholtes wiedergibt)

PELZ C.: Hellseher - Medien - Gespenster, Verlag Hohe Warte, 1952
(sehr anschaulicher Bericht "von der Front" des Kriminal - Kommissars a.D. Pelz, "Sachverständiger auf dem Gebiete okkulter Betrügereien")

FARKAS V.: Unerklärliche Phänomene, Frankfurt a.M., 1988
(Umschlagtext: "Es informiert umfassend über die Rätsel um uns, verläßt nie die Ebene der wissenschaftlichen Vernunft und ist von atemberaubender Spannung" - na ja!)

EYSENCK H./SARGENT C.: Der übersinnliche Mensch. Report der Psi - Forschung, München 1984
(deutsche Ausgabe; gutes Bildmaterial, ansonsten typisches PSI - positives Buch)

BROOKESMITH P. (Hrsg.): Von Hexen, Wahrsagern und Alchimisten - Kulte und Okkultes, Luzern 1987
(gutes Bildmaterial, Inhalt meist pro - okkult und unkritisch)

BANOL F.S.: Die okkulte Seite des Rock, München 1987
(Pfr. Haack: "Ein durch und durch demagogisches Werk" - einverstanden!)

BÄUMER U.: Wir wollen nur deine Seele, Bielefeld 1984
(Rockszene und Okkultismus; Daten - Fakten - Hintergründe; das Buch ist bei Schülern sehr verbreitet, die sich entsprechende Stellen herauspicken)

JURIAANSE D.: Das praktische Pendelbuch - mit 40 Pendelkarten, München 1985
(deutsche Ausgabe der holländischen "Anleitung zum Pendeln"; ernsthaft okkult, als Beispiel gut geeignet; Umschlagtext: "Die Pendelkarten bieten auch dem Fortgeschrittenen wertvolle Hilfestellung für seine Arbeit)

BIENEMANN G.: Pendel, Tisch & Totenstimmen, Freiburg 1988
("Spiritismus und christlicher Glaube"; religiös geprägt, teilweise fragwürdig und zu wenig kritisch)

MÜNCHENER REIHE zu Sekten- und Weltanschauungsfragen: Haack F.-W.:
- Spiritismus (1988)
- Aberglaube - Magie - Zauberei (1987)
- PSI - Parapsychologie (1987)
- Satan - Teufel - Luzifer (1987)
- Jugenspiritismus und - Satanismus (1988)

(religiöse Ausrichtung, mit großem Fachwissen geschrieben)

Weitere interessante Titel aus unserem Verlag:

Okkulte Phänomene:
● Alles Fauler Zauber?!
Wolfgang Hund

Tischrücken und Pendeln, Kontakte mit dem Jenseits, Satanskult und Schwarze Messen. Unsere Arbeitsmaterialien bieten die Möglichkeit zur Auseinandersetzung mit: Astrologie, PSI, Außersinnlicher Wahrnehmung, Telekinese, Pendel, Gläserrücken usw. Alle diese Phänomene werden in ihren Erscheinungsweisen dargestellt, dazu jeweils Gegenargumente, Fragen und unterrichtspraktische Beispiele, die helfen, okkulte Phänomene als das zu erkennen, was sie oftmals sind: Fauler Zauber! Für die vertiefende Arbeit findet sich ein umfangreicher Materialanhang.
Ab Kl. 6, 62 S.,   25.00 DM/sfr

● Das Gesellschaftsspiel
Ein Spiel in und über Gesellschaft, zur spielerisch-nachdenklichen Erkundung und Simulation dessen, was Gesellschaft ist, wie sie funktioniert und wie sie funktionieren könnte. Ausgehend von den Grundbedürfnissen wird mit verschiedenen gesellschaftlichen Organisationsformen um deren Befriedigung gespielt. Nach Verständnis und Bedarf selbständig einsetz- und veränderbar. Für Gruppen ab 6 Personen. Für Doppelstunden oder Projektwochen, für die außerschulische Arbeit. Mit Spielmaterial und Erläuterungen.   Sek.I + II, 68 S.,   25.00 DM/sfr

● Aus Erfahrung lernen - mit Erfahrung spielen
Rollenspielvorschläge zu Alltagskonflikten in Schule und Elternhaus aus der Praxis entwickelt, direkt in der Praxis einsetzbar. Zweite, wesentlich erweiterte und verbesserte Ausgabe, mit neuen Spielideen und einer systematisierten Anleitung zum Einsatz von Rollenspielen, die speziell für "Anfänger" wissenswerte Anregungen enthält. Schwerpunkte: Einstiegsübungen und Anfangsspiele, Entscheidungsprozesse in der Kerngruppe, Konflikte zwischen Jungen und Mädchen, Die Gruppe und "ihre" Außenseiter, Konflikte zwischen Gruppen. Dazu Beobachtungshilfen und Literaturhinweise.
70 S.,   27.00 DM/sfr

● Die Regenbogenschlange
E. Bisselt, M. Palmer

Geschichten vom Anfang und von der Kostbarkeit der Erde. Für Religion, Geographie, Geschichte oder "nur" als informatives Lesebuch.
Im vierfarbigen ersten Teil werden die Grundzüge von neun Glaubensformen dargestellt mit charakteristischen Darstellungen der Lebensweisen von Aborigines, Chinesen, Christen, Hindus, Humanisten, Juden, Moslems, der Sanema vom Amazonas und der Yoruba aus Afrika. Die Materialiensammlung für Lehrer und Eltern im zweiten Teil regt zu vielfältigen Aktionen inner- und außerhalb des Klassenzimmers an.
Ab 8 bis 13 Jahre, Zytglogge, gebunden,
102 S.,   29.00 DM/sfr

● Planeten, Sonne Galaxien
Eine Reise ins Weltall
Die Sterne schweigen, trotzdem können wir eine Menge von ihnen lernen: Vom Mond, wie man Ebbe und Flut macht; von der Sonne, wie man Wärme erzeugt; von den schwarzen Löchern, wie man sich auf ein unmeßbar schweres NICHTS reduzieren kann; von den Dimensionen des Weltalls das Staunen und die Demut. Bei der Reise ins All haben wir aber nicht alleine den Blick staunend nach oben gerichtet, sondern versucht, wo es geht, das All auch handelnd, mit Spielen, Rätseln und Aktivitäten begreifbar zu machen und sogar als Bausatz für eine Sternenkarte auf die Erde zu holen. Mappe A4 mit vielen Abbildungen, Arbeitsaufgaben, Konstruktionszeichnungen und Vorlagen für einen beleuchteten Sternenkarten-Guckkasten.
Ab Klasse 7, 77 S.,   28.00 DM/sfr

● Ich lebe viel!
Materialien zur Sucht-Prävention
Drogensucht kommt nicht von Drogen, sondern von verdrängten Sehnsüchten, verschluckten Tränen, eingefrorenen Gefühlen. In dieser Mappe geht es weniger um Suchtstoffe, als um ganze Personen, mit all ihren Träumen, Schwächen und Stärken. Texte und Übungen, Lebensgeschichten, Interviews, Plakate, Gedichte und Bilder sollen helfen, sich ein wenig klarer zu werden über Ideale, Lebensziele und Wege dorthin. Viel und intensiv leben könnte ja auch ohne Drogen möglich sein, oder?
Ab Klasse 7, 80 S.,   30.00 DM/sfr

● Friedenserziehung und Aggression
Materialien, Informationen, Übungen, Rollenspiele und Projekte zu einem äußerst menschlichen Thema. Was ist Frieden? Aggressionstheorien, Vorurteile und Aggression, Vorbilder, Beobachtungslernen, Umgang mit anderen, Geschlechterrollen, Gewalt gegen Frauen, Arbeitslosigkeit, Gewalt in der Schule, Strukturelle Gewalt, Frieden ohne Ende oder ein Ende ohne Frieden? Bewußwerdung gesellschaftlicher und individueller Aggression und deren Bedingungen, Möglichkeiten des Abbaus, neue Durchsetzungsstrategien.
Ab 12 Jahre, 71 S.,   26.00 DM/sfr

Irre Seiten
● Sozialkunde
Grafisch packende und thematisch provozierende Impulsblätter für kleinere und größere Projekte und Diskussionsgruppen, Einzelarbeiten usw.. Themen unter anderem: Urteile und Vorurteile, Egoismus, Gefühle anderer, Gesundheitsvorsorge, Rauchen, Hausfrauendasein, Reichtum, Keine Zeit, Unterprivilegiert, Trinken - Trinker, Etwas nicht haben, Empfindlichkeiten, Rechte für Tiere, Treibjagd, Senioren und viele mehr.
Klassen 5-8, 56 S.,   25.00 DM/sfr

● Projekthandbuch Rechtsextremismus
R.-E. Posselt, K. Schumacher

Handlungsorientierte Gegenstrategien und offensive, ausländerfreundliche Auseinandersetzungsformen mit rechtsextremistischen und rassistischen Tendenzen in der Jugendszene. Eine Sammlung von Ideen, Aktionen, Projekten, Argumenten und Beispielen (über 110!) für die Arbeit mit Jugendlichen.
Amt für Jugendarb., ev. Kirche Westfalen, 284 S.,   PB, 15.00 DM/sfr

● Rechtsextremismus
Wilhelm Heitmeyer

Warum handeln Menschen gegen ihre Interessen? Rechtsextremes Verhalten ist eine mögliche Form, um auf Herausforderungen und Bedrohungen unserer Gesellschaft zu reagieren. Bringt dieses Verhalten aber auch das Resultat, welches man erreichen möchte? Lebensentwürfe, die Durchsetzung der eigenen Interessen, sind die Leitmotive dieses Buches. Themen sind u.a.: Die Gruppe, Gewalt, Fremdheit, Nationalismus, Arbeit, Wohnprobleme etc. Viel Material, Interviews, Faksimiles, Medienverweise etc.
'ran Handbuch, 240 S., PB,   19.80 DM/sfr

Dies ist nur ein Auszug aus unserem Gesamtprogramm. Den Katalog schicken wir Ihnen gerne zu!

Hiermit bestelle ich folgende Titel:_____

Bitte schicken Sie mir ____ Exemplare Ihres Katalogs.

Name: _____

Adresse: _____

Datum: _____ Unterschrift: _____

Verlag an der Ruhr
Alexanderstr. 54, Postfach 10 22 51,
4330 Mülheim an der Ruhr,
Tel.: 02 08/ 49 50 490,
Fax: 02 08/ 495 0 495

Für Bestellungen in der Schweiz:
informationsstelle schulbuch, Postfach, 5001 Aarau